大きく、しぶとく、考え抜く。◎目次

JN269374

# 大きく、しぶとく、考え抜く。

## 原田泳幸の実践経営論

Harada Eikoh
原田泳幸

日本経済新聞出版社

## 第3章 人とブランドを育てる



## 第4章 「価値」を創出する

## 第5章 「現場」「現実」に学ぶ



## 第6章 戦略とリーダー

カバー写真提供　日本マクドナルド
ブックデザイン　内山尚孝（next door design）
本文ＤＴＰ　アーティザンカンパニー

## まえがき

8年前の2004年に私がマクドナルドに入社した時は、7年連続既存店売上高マイナスという会社全体が針路を見失っていた時代でした。そうした中で私が行ったのは、進むべき方向を示したことです。それは決して科学的で論理的な、ビジネススクールで習うような難しい戦略を構築したり、新しいビジネスプランを立てたりすることではありませんでした。あくまでも、本来の姿をもう1回見つめ直し、それを軸足に「マクドナルドの強さをもう一度回復させる」、ただその1点だけでした。そして、ひとつひとつ新しい改革を進めていったのです。

改革は大きく2つに分けることができます。ひとつは業界で誰も行ったことがない新しい施策を実行すること。例えば、地域別価格、100円マック、24時間営業などです。「非常識なことを常識にしてやろう」、そういったチャレンジでした。

もうひとつは経営構造改革です。「戦略的閉店」と称して、目先の売り上げの500億円を犠牲にしてでも433店舗を閉鎖し、さらなる成長のために身を削る思いで基礎体力をもう一度つけ直しました。直営店を減らし、フランチャイズを増やす施策などは、全員がハッピーになれる改革ではありません。しかし、改革しなければ全員が不幸になる、そういった思いで過去の経営の負の遺産に対して構造改革を推進しました。

私が社長に就任した当時の社員は、「マクドナルド本来の強さをもう一度回復させる」という第一ステップですら、満足にクリアできる状況にありませんでした。そこで、私が方向を示し、社員を強引に引っ張ってきました。中には100円マックなど、社員の反対を押し切って実行したこともあります。しかし、それらを実行したことで、現在の既存店売上高8年連続プラスを実現することができたのです。

これからマクドナルドが継続的に成長するためには、どうしても後継者づくり、人材のパイプラインが必要です。先に述べた「基本に戻る」「新しい試みをする」「構造改革」は、私のリーダーシップでこれまで強引に引っ張ってくることができました。今後は、私が「こっちへ行こう」と言わなくても自分たちでビジネスを成長させられる、つまり後継者にビジネスの舵取りをさせることが、今の私の一番大きなチャレンジであり課題です。

ただ社員たちには、まだ私に引っ張っていってもらおうという依存心が働いている節があります。すでに軌道に乗った部分では、社員が自らリーダーシップをとれるところまで来ましたが、壁にぶつかった時には、自分で考えるより、ただリーダーの号令についていこうとする文化がマネジメント層をはじめ社員の間にまだ残っています。そうした誰かを頼る意識を変化させることは、私にとっても大きな課題のひとつです。

私がリーダーシップをとれば、まだまだ成長できることはたくさんあります。例えばデリバリーやマックカフェ戦略などの新規ビジネスモデルがそうです。構造改革も私が引っ張っていけばまだまだ進められるはずです。しかし、構造改革というのは常に次に向けて自ら変化することであり、1回やったらそれで終わるものではありません。構造改革は終わりなき改革です。これらを誰に実行してもらうかということに、今後取り組んでいかなければなりません。

したがって、今は海外を含め、さまざまな能力を持った社員を集めてチームをつくり、私ではなくそのチームで今後の成長戦略を考え、実行し、素晴らしい結果が出るよう私がサポート役に回るというふうに軸足を移しています。

さて話は変わりますが、今の若い世代は素晴らしい教育環境で育っています。しかし、本を読んだり勉強したりするだけでは身につかない、また経済的な基準だけでは評価することのできない「人間の価値観は何か」ということについて、もっと知ってほしいのです。

確かに、何かを達成するためには知識とお金が必要とされる時もあります。今、世の中の仕組みは人材や経営者などを評価する時も、知識やお金をどれだけ持っているかで評価する傾向にあると感じています。しかし、そのような基準で周りから評価された結果をもとに、自分を評価してしまうような勘違いをしているのではないかと危惧しています。

本来、知識やお金は手段です。「社会の一員として何をすべきか」「実現のためには何が必要か」「そのために自分には何ができるのか」。このような意識を持って自己評価ができるようにならないと、人生が終わる頃になっても、何のために仕事をしてきたのかを発見できないことになります。そうしたことを、20代の早いうちから考えなければいけないと私は思うのです。

自分の人生を振り返ったり、さまざまな人材を見たりしてきた中で、「人間にとって一番必要な力とは何なのだろう」と考えてみると、それはやはり「人間力」だと思います。人間力とは、まず人から愛されること、信頼されること、そして人と人との協調性を大切にすること、物質的な価値観ではなく、精神的な価値観をきちんと持っていることだと思うのです。そういった本当の人間の力について、若い世代にはもっと考えてほしいのです。

世の中がグローバル化の波にさらされていることは否定できません。そして、この流れを変えることもできません。ただ、グローバル化とは何でしょうか。私はこれまで何度も話していますが、それは決して単に英語を話せるようになることではありません。世界の文化を学ぶ前に、まず日本の文化を知る。そして、英語を話す前に、日本語で自分の考えを相手にしっかりと伝えられるようになる。こうしたことが大切だと思います。

では、日本の文化を知るにはどのようにすればよいのか。それは日本という国を内側と外側から見ることです。日本人として第一人称で日本を見るだけでは、客観的に見られないことがあります。例えば、海外にも積極的に出て行き、一歩離れて外から日本を見つめ直す。そこで初めて日本という文化を知ることができるのではないでしょうか。そういった機会を日本人はもっとつくらなければいけないと感じています。

また日本人は、日本人の素晴らしさ、日本の競争力はどこにあるのかを忘れてきています。そして、自信を失っています。しかし、それを取り戻さなければいけません。そのためにも内側と外側から日本人と日本の文化について見ることは、日本の強さを改めて知ることにもなり、今後の日本の発展につながると思います。

本書ではこれまで私がビジネスの最前線に立ち、数多くの困難に直面した時に思考し、とった行動、そして日々考えていることについて記させていただきました。本書が読者の皆様の今後の活躍の一助となれば、これに勝る喜びはありません。

２０１２年９月

原田泳幸

# 第1章
# 新しい成長を生み出す

# 過去の物差しだけでビジネスの質をはかるのはナンセンス

目の前の数字に一喜一憂せず、大きな流れで数字を見極めることが肝心。

私は今、日本マクドナルドにちょっとした危機感を持っています。市場が成熟したとか、景気が悪いとか、そんなレベルの話ではありません。２０１１年に起きた東日本大震災や原発事故に伴う電力不足問題など、市場環境の変化も大きく、売上高の増減に一喜一憂しても仕方ありません。この危機感はどこから来るのか、社長になってからの8年間を少し振り返ってみたいと思います。

アップルの日本法人社長から2004年に日本マクドナルドの社長に転身し、翌年から本格的なマクドナルドの経営再建に乗り出しました。代表的な改革の1つが2005年5月から始めた「100円マック」です。

あの時、100円と言ったらみんな驚きましたよね。でも私は目の前の単価が下がっても、とにかく新しい顧客を増やそうと、ぐっと我慢しました。「かつての値下げ戦略と同じだ」「利益を度外視している」など、随分マスコミからも叩かれましたが、おかげさまで新しいマクドナルドのファンが生まれ、成長戦略の土台ができあがったわけです。

その後に、「えびフィレオ」や「クォーターパウンダー」など新メニューの投入で、客単価も戻りました。同時に24時間営業の拡大、ドライブスルーの拡大・改良など矢継ぎ早に手を打ちました。その甲斐もあって2011年12月期まで8年間連続の既存店売上高のプラスという成功を果たしました。

さて、危機感というのはその成功に社員が慣れて、何が今日の成功をもたらしたの

日本マクドナルドの既存店売上高対前年比の推移

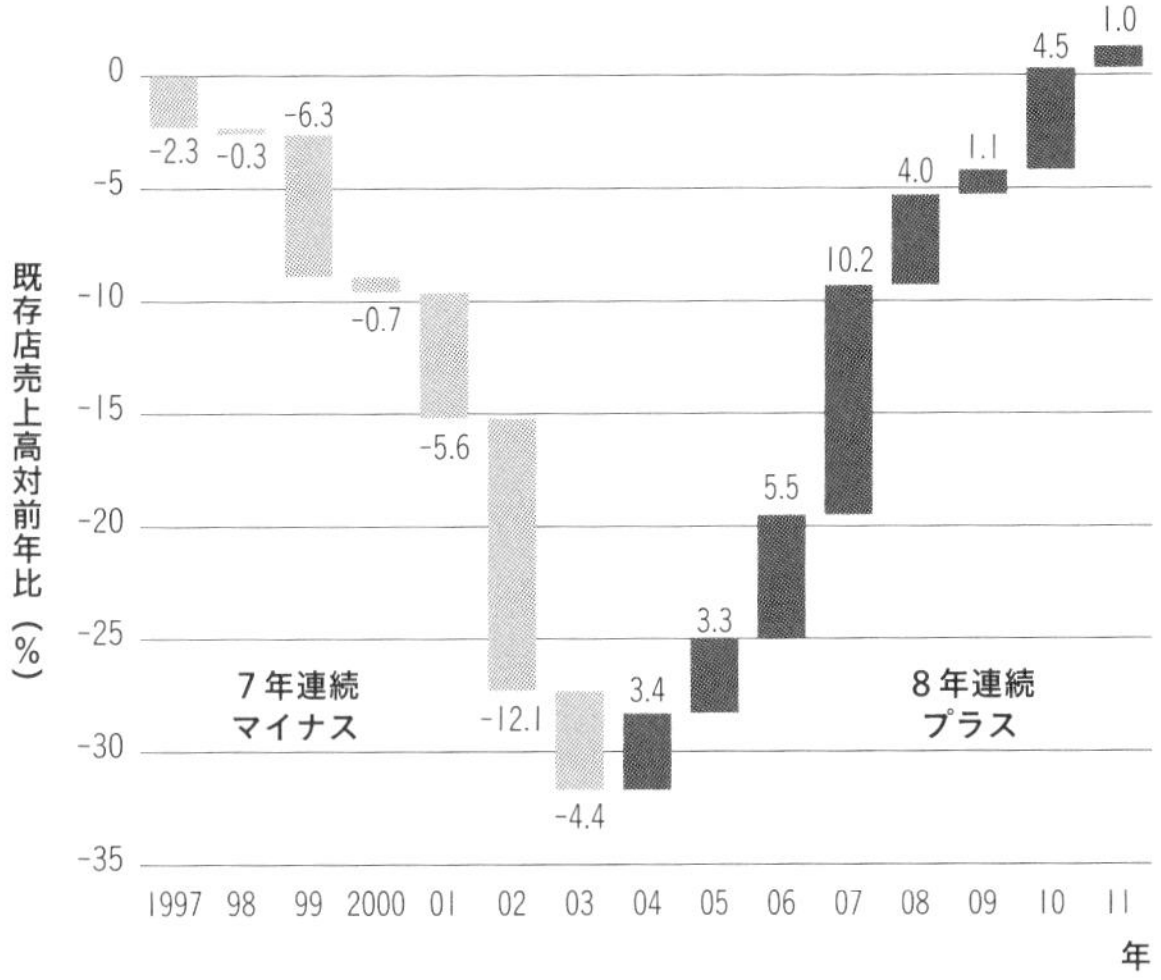

かという感覚が少し鈍ってきたことです。なぜ日本マクドナルドが再生できたのか、ある程度は受け継がれていますが、さらに継続して売り上げを上げていくためには、もう一度、客数を増やし、顧客基盤をつくり上げる必要があります。そして、客単価を上げなければ、次の成長はありません。

もちろん、過去と同じレベルのビジネスでは競争は勝ち抜けません。今の100円というのは7年前と違い、驚きのある数字ではありません。コンビニエンスストアのおにぎりなどもあり、100円は特別安く感じない値段です。

## マーケティング・カレンダーをつくり直せ

2012年4月から始めた新戦略では、100円、250円、500円と、3つの価格帯を同時に打ち出しました。100円メニューは前回より質が上がっています。それがコーヒーと「チキンクリスプ」です。そして、250円、500円はセットメニューで値段が高いほど、お得感が高まるようにしました。250円は吉野家などの牛丼、500円はコンビニのお弁当と、ランチで競合する市場を標的としました。

日本マクドナルドの全店売上高と経常利益の推移

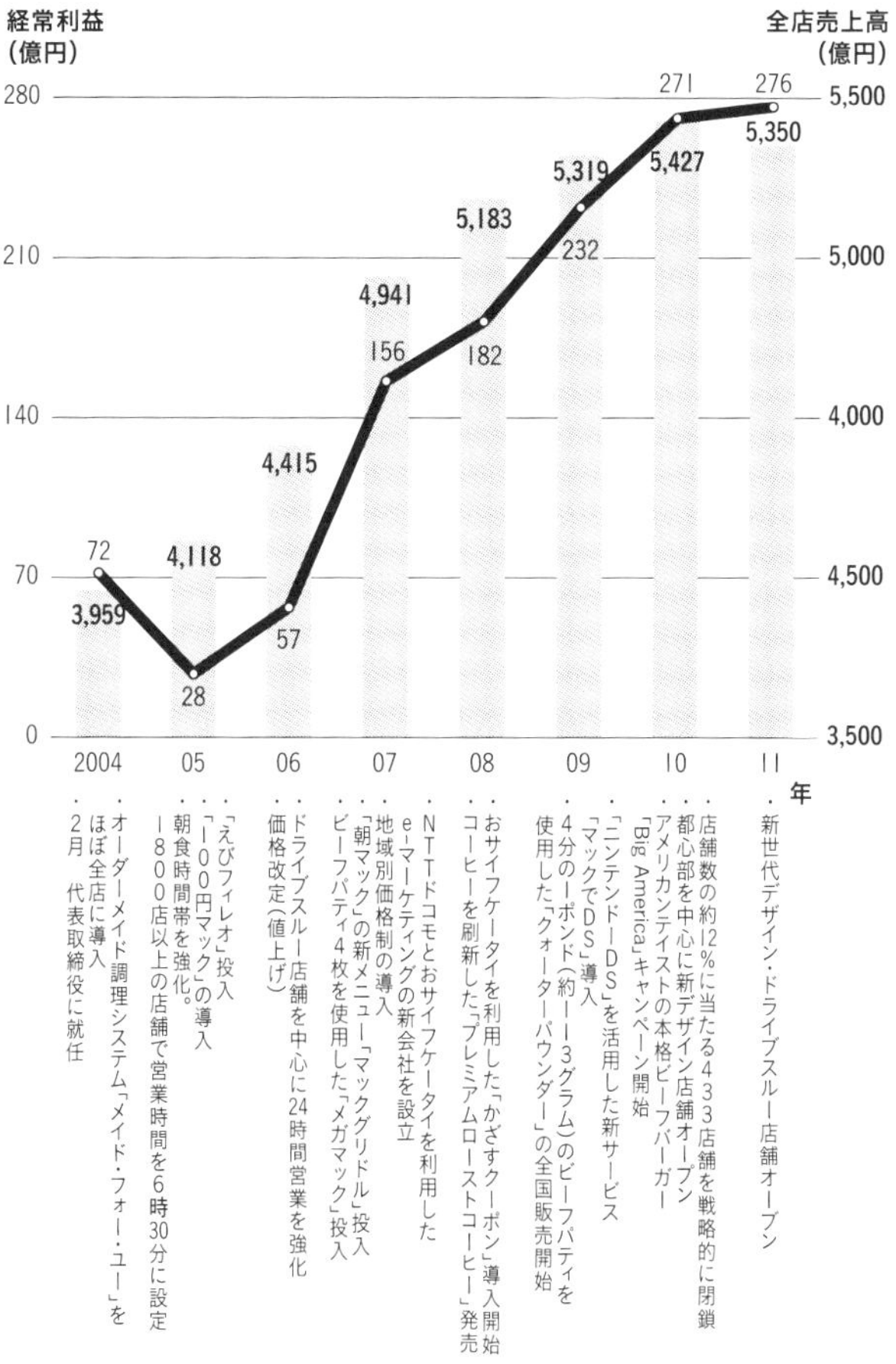
経常利益
(億円)
全店売上高
(億円)
280
210
140
70
0
5,500
5,000
4,000
4,500
3,500
2004
05
06
07
08
09
10
11
年
72
28
57
156
182
232
271
276
3,959
4,118
4,415
4,941
5,183
5,319
5,427
5,350
・オーダーメイド調理システム「メイド・フォー・ユー」をほぼ全店に導入
・2月 代表取締役に就任
・「えびフィレオ」投入
・「100円マック」の導入
・朝食時間帯を強化。1800店以上の店舗で営業時間を6時30分に設定
・ドライブスルー店舗を中心に24時間営業を強化
・価格改定(値上げ)
・NTTドコモとおサイフケータイを利用したe-マーケティングの新会社を設立
・地域別価格制の導入
・「朝マック」の新メニュー「マックグリドル」投入
・ビーフパティ4枚を使用した「メガマック」投入
・おサイフケータイを利用した「かざすクーポン」導入開始
・コーヒーを刷新した「プレミアムローストコーヒー」発売
・「ニンテンドーDS」を活用した新サービス「マックでDS」導入
・4分の1ポンド(約113グラム)のビーフパティを使用した「クォーターパウンダー」の全国販売開始
・店舗数の約12%に当たる433店舗を戦略的に閉鎖
・都心部を中心に新デザイン店舗オープン
・アメリカンテイストの本格ビーフバーガー「Big America」キャンペーン開始
・新世代デザイン・ドライブスルー店舗オープン

そうしたことは、実はもう去年から考えついていたのですが、再び顧客基盤をつくろうと「マーケティング・カレンダーをつくり直せ」と大号令をかけました。

例えば、それまではテレビコマーシャルの予算を「チキンタツタ」など、高価格帯の商品にかなり多めに配分していました。ところが、100円の商品のテレビコマーシャルはほとんどやってない。それを「全部逆転しろ」と、強引に変えさせました。ですから、今は高い値段の商品のコマーシャルはないのです。100円商品のCMだけです。やはり、常に成長の土台をつくる商品というのは必要です。

## プランは絶対的な基準でない

それから、「マクドナルドは、高価格帯商品を追求していると見られているのではないか」との疑問がありました。マクドナルドの最大の価値は2つ、お得感を示す「バリュー・フォー・マネー」と、徹底して利便性を追求する「スーパー・コンビニエンス」です。これに向かってビジネスモデルを7年ぶりにつくり直そうとしたわけです。

ところが、本当の狙いは組織全体に完全には伝わっていませんでした。新戦略はちょうど2012年5月の大型連休明けの月曜日からスタートし、当社のマーケットリサーチの担当者に状況を確認しました。するとこんな答えが返ってきました。

「当初のプランに対して○パーセント。コーヒーは○パーセント、チキンクリスプは○パーセントで、全体で△ポイント足りません」

そこで私はこう返しました。

「プランというのは、絶対的な基準ではないよ。プランに対して売り上げがどうだったかは、さほど問題ではない。うまくいったかどうかというのは、新戦略を打ち出した後のビジネスの質の違いでしょう」

数字だけ見ると、戦略前後でコーヒーが40％、チキンが60％上昇したわけです。

これは、2005年の100円マックを柱とした前回のバリュー戦略に比べると、はるかに高い数字です。次への成長の足場はできたはずです。ところが、担当社員たちは「プランに対してまだそれでも足りないから」と報告します。

プランに対して未達だから、ビジネスがうまくいっていないというのはやや単純な発想で、大きな流れで数字を見極める必要があります。例えば、4月の日本マクドナルドの既存店売上高を見ると、前年同月比3・6％減です。ただ、それだけで業績が悪化していると見ると、これまでの経営改革の成果を見落とすことになります。そこで社員を集めて話しました。

例えば、同じ地域の市場に10店舗あったとします。そこには小さい店もあれば、普通サイズの店もあります。最近、当社では収益性の高い大型店舗を各地で出店しています。当然、利用者の多くはこの店にシフトしますよね。その結果、大型店舗が入っていない地域の既存店売り上げは落ちるわけです。

改革のために進めてきた店舗の大型化というファクターを考えず、改革前と同じ構図で計算してプラスだ、マイナスだと一喜一憂している。これでは、本当に見なければいけないところを見てないのです。過去の物差しだけでビジネスの質をはかることは、全くナンセンスです。

# 常にハングリーでないと成長しない

マクドナルドのビジネスは
ピープル・ビジネスが原点。
現場のやる気が最大の武器。

「データだけにとらわれるな」とは、口を酸っぱくして話しています。日本マクドナルドでは部長以上を集めて、ビジネス・レビュー・ミーティングというものを実施しています。3カ月に1回開きますが、先日も2011年10～12月期のレビューをしました。

その時にじっと話を聞いていたら、ただデータを読んでいるだけではないかと疑問が生じました。例えば、ＣＳＯ（Customer Satisfaction Opportunity）をめぐる評価の話です。これは顧客満足度を示す経営指標で、ゼロが理想です。改善すべきOpportunityがゼロであれば完璧ということです。

ところが、昨年、一昨年のデータの動きと比べて見ているとおかしいことが分かりました。ＣＳＯの調査では、店舗に覆面調査員が入り、サービスについて幅広い項目にわたりチェックします。しかし、その覆面調査員がいつ来るかということを予見しているに違いないということで、２０１１年1月に「ＣＳＯのやり方を全部変えろ」と言って手法を改めたら、見事に点数が悪くなったのです。チェック方法を変えたわけですから、これまでの対応では当然点数は上がりません。

そして先日のレビューで２０１１年10〜12月のＣＳＯについて議論をした時に、「対前年比で悪くなりました。そこで今年は何ポイント改善します」というプレゼンテーションがありました。そこで、私はこう反論しました。「本当に悪くなったのか」と。「測定の仕方を変えただけであって、もし2年前も今の測定方法でやったら、当時ももっと悪かったかもしれないよ」。みんな点数だけで思考しているわけです。データを見ているだけでは、良くなったか悪くなったかは誰にも分かりません。もっときめ細かくデータを読み込んで、現在のマクドナルドのサービスについて評価しなければなりません。

これは思考停止していることを意味します。そういう管理項目について、外資系企業は世界のどこでもＫＰＩ（Key Performance Indicator）を使います。つまり数値管理をするわけです。ですが、それをやりすぎると、みんなが思考停止してしまうのです。数値が目的になってしまうからです。

## 評価はある1点に絞る

数値というのは、あくまでも自己診断のためであって、自分がナビゲーションするための客観的データにすぎません。最終目的はＫＰＩの数値ではなく、売り上げです。売り上げを上げていくためにこのＫＰＩをどう使うのか、という思考が大事なわけです。

にもかかわらず、上司が部下に対してＫＰＩの数値管理をしていきます。どうしてもボーナスの査定などもそのＫＰＩで見てしまうのです。その数値なしで見るということは相当目が利かないと逆に難しいですね。マネジメントというのはアセスメント（評価）とコーチングの両方が必要です。

大抵、評価することばかりに気をとられる人が多いですが、むしろコーチングの方が大事です。コーチングをしている情熱が部下に伝わって初めて、評価も聞き入れてくれます。コーチングもサポートもしないでおいて、「ただ君は何点だ、彼よりも何点いい」などというだけではダメです。評価だけのマネジメントなどは、外部企業に任せてしまえばできます。

私はこれまでアセスメントなどほとんどしませんでした。1対1でボーナスの面接をやりますが、書類を書いてきてもまず見ません。世間話をしているだけです。各項目ごとの評価はしないのです。ある1点だけに絞ります。「あなたの場合はもう少し人を育てないといけませんね」と言って、数値の話はしません。

データというのは見方や使い方次第です。ところが、大半の人は結果データの解析しかしないので、真の原因が分からない。かくいう私も、２０１２年春以降の売り上げ動向はうまく読み切れませんでした。実際の売上高の結果が、どれぐらい売れるのかという受注予測を、今まで経験したことがないくらい下回ったのです。

そうなると利益面で大きく狂いが生じます。受注予測に基づいて店舗にどれだけのクルー（従業員）を配置するのかなどを計画するわけですが、売り上げが予想より伸びないとコスト負担が重くなり、利益率は悪化するわけです。ですから、受注予測の精度を上げるのはとても大事な課題なのです。

## トイレで突然ひらめく

受注予測と売り上げの結果のずれについては、本当に原因が分からず、一生懸命考えました。原因が分かった日も午前2時に起き、ずっと考え、また少し寝て、日課としている早朝のランニングをしている時に気づいたのです。チェックポイントが複数頭に浮かび、それを忘れないように家に帰ってメモをとるのは大変でした。やはり気分転換も大事ですね。

先ほどもお話ししましたが、受注予測と実際の売上高のずれが広がったのは、大型店舗を増やしたにもかかわらず、これまでと同じ方程式で比較していたからです。どういうことかというと、大型店舗を増やせば、その近くにある小型店舗のお客様は大型店舗に移ります。そうなれば、小型店舗の売り上げは減り、その分大型店舗の売り上げが上がります。これを考慮に入れず、今までと同じ基準で小型店舗の数字を見ていたため、実際の売上高が予測を下回ったというわけです。

つまり、小型店舗の売り上げが減少したということは、戦略通り大型店舗へ人を呼び込めた証拠で、全体で見れば、売り上げが減少しているということはないわけです。また、大型店の認知が進むことによる、さらなる集客の可能性を考えれば、将来の成長の余地が逆に広がっているということなのです。この意味で、戦略は正しく機能していたということが言えます。言われてみれば、「あー、なんだ」というわけですが。

この時、エンジニアをしていた若い頃と同じ感覚もよみがえってきました。自分で設計したソフトが動かなくなる。あれこれ原因を分析するのですが、なかなか答えが出ません。結局、迷路に入るわけです。ひどい時は6カ月間解けません。それがトイレに座った瞬間などに突然分かる時があるのです。「思いつき」と違って、「ひらめき」というのはずっと考えているからひらめくものです。マージャンでいうならば、リーチ1発で、出にくいパイが出てきたような感じですね。

とにかく、状況が変わっても同じ物差しで人は考えがちです。サイエンス（科学）的な合理性だけでは難問は解けません。やはり人がどんなことを考え、どう行動するのか、サイコロジー（心理学）が欠かせません。成功は、思考停止を招きますね。

これは冗談ですが、役員と話をしている時に、日本はなぜ経済成長しないのかという話題になりました。「若者に元気がない」「政治家にリーダーシップがない」などいろいろありますが、多分、第2次世界大戦後にアメリカが日本を豊かにして、思考停止に陥らせようとしたのではないかと思うのです。

人も会社も常にハングリーでないと、成長しませんよね。中国や韓国にはまだそんな勢いがあります。今、元気なサントリーホールディングスが、キリンビールやアサヒビール、サッポロビールが強い時代にビール事業に進出した心境が少し分かります。企業力を高めるためだったのでしょう。

## データの正確性よりメッセージ

私はもう1年前からコーヒーの無料提供が今後の客層拡大の生命線だと言い続けてきましたが、現場がそこまで動きません。店舗の売り上げをじっくり見ると、試飲用コーヒーを1日に数百人以上のお客様に配っている店と、1日20杯ぐらいしか配ってない店では、売り上げに差がはっきりと出てきました。

そこで本社近くでお店を管理している数百人のマネジャー以上を全員集めました。そこでもこんなことがありました。「明日のミーティングの資料をどうやってつくっているのか」と担当者に聞いたところ、「試飲用コーヒー提供の相関データを一生懸命つくっています」と答えたのです。しかし、「それはつくらなくてもいい」と言いました。きまじめにデータを精査し、分析しているわけですが「データの正確性なんかいらない。言いたいメッセージを書いて、それをはっきり分からせるようなデータをつくれ」と指示しました。

「数字は多少間違っていてもいいから」とも言いました。数字より目的の方が重要な

成績が下位の人にこの写真入りのマックカードが配られた

わけです。動いてほしい、やる気になってほしい、自信を持ってほしい。だからデータの正確性なんかいらない、メッセージを重視しろと。

新たな顧客を広げるための金鉱を掘るには、表面的な対応ではダメです。現場のやる気をうんと引き出すには、こちらの情熱が大切なのです。マクドナルドは、やはりピープル・ビジネスが原点です。理屈やサイエンスではありません。現場のやる気が最大の武器です。

お客様に試飲用コーヒーを配るキャンペーンについても、エリア単位でトップから5等までのランクに分けた成績表があります。トップ20のエリア責任者はみんな褒めてマックカードを渡しました。下位の成績の人は、みんなの前でつるし上げても仕方ありませんので、私がコーヒーカップを両手いっぱいに抱えた写真の入ったマックカードを渡して、それをぶら下げて店を回るということにしました。そこまで社長にやられてコーヒーを配らない人間はいないでしょうね。表彰時の会場は大爆笑でしたよ。

こういうことをしなければならないのは、成功が普通に続くようになり、組織が停滞している証拠なのかなと思います。しかも、組織が少しおとなしくなっています。最近のことですが、とんがった社員が退職してしまいました。確かに常識ある管理職から見ると、「もうあいつはクビだ」という感じの人間でしたが、私は常にそういうタイプをキープするようにしていました。型にはまらない発想を求めてのことです。

しかし、成功していくと、だんだんマネジメント・リスクをとらず、安全に、安全に行こうという方向に進んでしまいます。ですから、とんがった人間ははみ出してしまうようになり、辞める結果になったような気がします。

# 成功体験にとらわれず、熱気を取り戻し、新しい成長をしたい

既存の経営資源を活用し、新たなビジネス機会点を発見する。

最近、私はある会合で「バカ×バカ」と「利口×利口」という話をしました。利口そうに見えて、利口なやつ。バカな振りして利口なやつ。利口そうに見えてバカなやつ。バカな振りしてバカなやつ。だいたい4種類しかいないわけですが、どれが1番いいのか。出席者に考えてもらうと、やはり「バカ×利口」がいいって言いますね、

そして2番目にいいのはどれかと言えば、「バカ×バカ」でしょうね。みんな分かっているから人に迷惑をかけません。「利口×利口」というのは、一見、よさそうですが、チームプレーができない弱点があります。

1番困るのは「利口×バカ」です。最近の新卒を見ると、「利口×利口」か「利口×バカ」「バカ×利口」がいないのです。マクドナルドも、ちょっと「バカ×利口」が目立ちますね。「バカ×利口」が減ってしまった感じがします。前は「バカ×バカ」もいました。組織に画一的なタイプが増え、「利口×利口」と「利口×バカ」に偏ってしまっては、ユニークな発想も生まれません。そこで、中途採用もしながら、幅広いタイプの社員を集めています。ダイバシティー（多様性）が組織の活性化には欠かせません。中途入社組には外国人もいますし、女性の才能を発掘し、昇格もさせてきました。それでもお利口さんが増えていますね。

今はどの会社でもそういう傾向にあります。会社には常に不満分子が存在します。この不満分子をどのように扱うかによって、集団としての会社の性格が決定されます。やっかいな存在ですが、不満分子を排除せずにいかにうまく使うかが鍵になりま

４タイプの人間

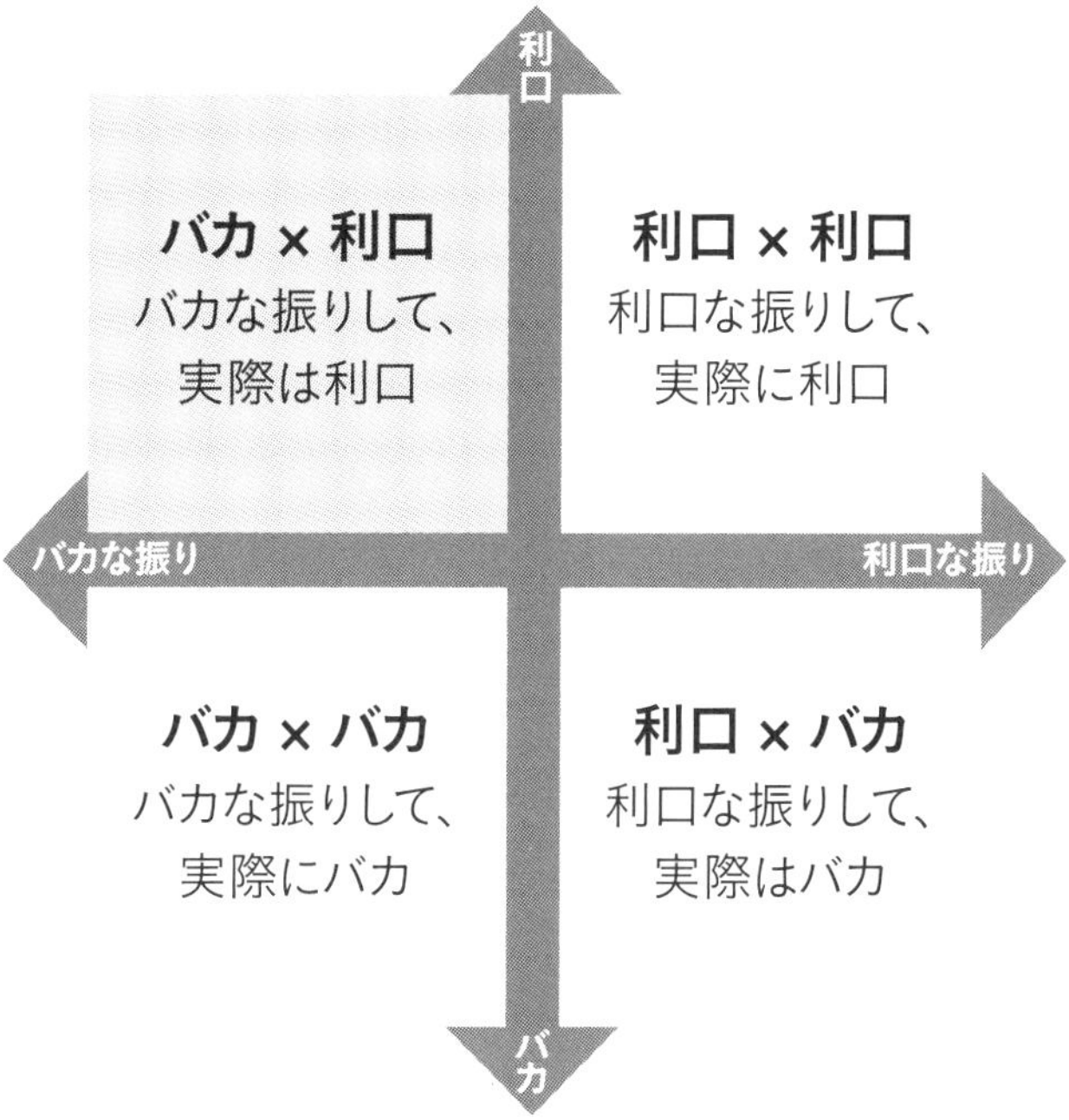
利口
バカ×利口
バカな振りして、
実際は利口
利口×利口
利口な振りして、
実際に利口
バカな振り
利口な振り
バカ×バカ
バカな振りして、
実際にバカ
利口×バカ
利口な振りして、
実際はバカ
バカ

す。

不満分子には個性的な人物も多く、もう少し増やす必要があります。そうしないと組織が利口になりすぎる。アップルの時もそうでした。ただそのコントロールは難しいです。不満分子を放置しておくと、必ずほかにも不満分子をつくろうとするからです。

## なぜコーヒーのシェアを活かさないのか

日本マクドナルドが、かつてに比べ世間の評価も高くなり、ブランドイメージが高まったのは事実です。私はいちいち細かく褒めちぎらないほうですが、冷静に考えると、みんなよく頑張っているなと思います。

例えば、コーヒー豆の質が悪いからもっとおいしくしろ、なんて私が言ってもいないのに、いつのまにか社員がおいしくしていました。これなどやはり、みんなそれなりに一生懸命にやっているということの象徴でもあります。クルーのリクルートに関しても、結構うまく実行しています。

ただ、もう一段階、目標を上に設定しようという時、どう設定すればよいか分からないでいるのです。そうした中でみんな勉強し、育っていくのではないかと思います。うちの会社の素晴らしいところの1つですが、私が安心して頼り切ってもいいなと思うのは、オペレーションの能力です。日本に限ったことではなく、ワールドワイドのオペレーションのノウハウは、私が口を出さなくてもパーフェクトです。このことは、私の一番の安心材料です。そのシステムづくりと改善はすごいです。

ただ、それを日本に導入して、高いクオリティーで実行することが、我々の課題で、そのシステムをまだ生かし切れていないのです。例えば、マクドナルドのコーヒー国内シェアは、近年力を入れているチキンよりも高いのです（NPD社調べ、食機会ベース）。なぜかというと、コーヒーは一般的に摂取頻度が高く、マクドナルドの店舗シェアがコーヒーチェーンよりはるかに高いからです。私は、「なぜ、このコーヒーのマーケットシェアと相乗効果を出すようなマーケティング戦略がないのか」と言っています。

すなわち、バリューセットやコンビなどがありますが、これだけでいいのか。値上げとか、値下げだけではなく、経営の資産であるコーヒーのシェアとどう連動させるか、どうドライブスルーの機能と連動させるか、そこの店舗開発の投資とマーケティングの投資との連動がないのです。こういったことについて、今まさに社員にはっぱをかけています。

8年前はこんな議論はしなかったですし、しても社員もピンと来なかったでしょう。ようやくたくさんの経験を重ねて、こうした議論ができるようになったのです。そして、新しい戦略によって社員はレベルアップするだろうと思います。

このようなことは教科書に書いてありません。コーヒーのように競争力のある既存の経営資源を活用し、自分で考えて発見すべきビジネスの機会点なのです。成功体験にとらわれず、8年前の熱気を取り戻し、新しい成長をつくりたい。そこで2012年から、若手・中堅社員向けの研修の場で私が直接、教鞭をとっています。やはりマクドナルドはピープル・ビジネスです。人を育てることが最も重要な経営だと確信しています。

# 第2章

# マーケティングの「感覚」を磨く

# ビジネスとは、マーケットをつくること

広告で需要を喚起するのではなく、
お客様が今までに経験したことのない価値を提供する。

ビジネスとは何か。最近私は、「売り上げの結果とは、売れた数字か、売った数字か」という表現をよく社員にします。例えば、外食産業の場合、安売り戦争が中心です。「売る」のではなくて、そこに存在するお客様の需要をローコストで隣から「奪う」という競争になっています。それはマーケットをつくっているわけではありません。

やはりビジネスとは、マーケットシェア・ゲームだけではなくて、マーケットをつくることではないでしょうか。

では、どうやってつくるのか。広告宣伝を使って商品の需要を喚起するのではなく、お客様にとって、今まで経験したことのない価値を提供するという視点がなければいけません。

そういう意味で、過去の歴史を含めて世の中のいろんな成功事例を考えてみますと、みんなそれまでになかったものをつくっています。例えば、日本の有名な話であればソニーのウォークマン、アップルであればｉＴｕｎｅｓでしょうか。そうやって新しいものをつくった時に、新しいライフスタイルやマーケットも同時に生み出されます。

## 「両方追う」のがビジネス

過去のデータや歴史を振り返ると、世の中に大きな変化が起きた時、外食産業にも必ず地殻変動が起きます。２００８年秋のリーマンショックもそうだし、東日本大震災もそうです。共通しているのは、商品をお持ち帰りするお客様が増えるということです。今はコンビニエンスストアがその流れに乗り、新しい市場をつくっていますね。数年前まで、コンビニは多彩な品ぞろえで市場を伸ばそうとしていました。今は独自性とクオリティーがかなり上がっています。その結果、バリュー・フォー・マネーというか、コンビニのお得感のスコアが上昇しています。

自社調査でコンビニのお得感のスコアとマクドナルドのお得感のスコアを比べると、全体としてはもちろん当社が勝っています。ただ、そのスコアのギャップが広がっているうちはマクドナルドが成長するわけですが、ポイントを絞って見るとギャップが小さくなってきています。そこで我々は新戦略を始めたわけです。100円の商品のライバルはコンビニのおにぎりで、500円の商品のライバルはコンビニの弁当です。

経営というのは、すべての相反する要素を満たそうとする矛盾を追いかけることです。矛盾だらけの中で経営をしているわけです。例えば、顧客満足度を上げようと思ったら、店舗にクルーをたくさん入れることで、確実に上がります。商品の提供スピードも上がります。しかし、クルーを多くしたらその分、利益を圧迫しますよね。一方で、利益を上げようとすると、満足度が下がります。

「では、どちらをとりますか」という質問をよく受けますが、その時は「両方とれ」と言います。両方をとることがビジネスなのです。同時にとれないから、双方のバランスをとりながら誘導していくのです。客単価と客数のバランスもそうです。客単価を下げると、客数は増えますが、もちろん両方上げなければいけないのです。

社員も「年間の予算を追いかければいいのですか。実勢の受注予測の数値で追いかければいいのですか」とよく質問してきます。その時は、「両方に決まっているだろう」と返します。現場に行くと、「予算で行け！」という人もいれば、「受注予測で行け」という人もいますが、「両方だ」というふうにビジネスの理念を教える人がなかなかいませんね。

# 体で感じて、発見し、頭で処理する

仕事以外の世界、お客様の行動などの中に、
頭で考えても発見できない学びがある。

どうしたらビジネスを成功させるための能力を鍛えることができるのか。20代から30代のころは、私も勉強しなくてはと思い、雑誌などを読みあさったのですが、同じような記事が毎回ローテーションになっているだけで、そこから発想して成功したことは、あまりありません。

もちろん、勉強する時代があってもいいと思います。実際、私も本を読み、ハーバ

ード・ビジネススクールのシニアマネジメントを対象とした研修プログラムであるハーバードAMP（Advanced Management Program）で、競争戦略論で知られる経営学者マイケル・ポーターの授業も受けました。しかしながら、それが自分を育ててくれたかというと、そうではありません。

私が、ハーバードに留学した時も、直接学ぶものはあまりありませんでしたが、教室でいろいろな外国人とディベートする中で、刺激を受けたり、アイデアを得たり、発見がありました。自分と違う世界に積極的に入り込み、刺激を受けることを常に求めないといけません。

お客様の行動や目、そういったところに発見や学びがあるのです。しかし、頭で考えて発見するのではなく、体で感じて発見し、頭で処理しないといけません。それが逆だと、他人と同じことしかできませんから。

### 思考する姿勢を育てる「3分間ストアツアー」

店舗に行くと、必ず発見があります。例えば、１００円マックのポスターの貼り方

1つをとってもそうです。まじめな店長は、ポスターをお店に入ってすぐのところに貼りますが、本当はお店に来た人ではなく、まだ来ていない人に伝えないといけません。そこで私は、通りから見えるように貼るべきだと言います。すると、テナントとしてのルールがあって貼れないと言い訳をします。それなら、ガラスの内側に貼って外側から見えるようなポスターを要求すればいいのです。

また、ある店舗では、入り口がオープンテラスになっていて、そこでたばこが吸えるのです。店内は禁煙なのに、入り口が喫煙可では矛盾しているから、テラスも禁煙にしたらどうかと提案すると、その後、禁煙になりました。このように、世の中全体がマニュアル化された感じになっている気がします。

先日、コーヒーがおいしくなったというマスコミ向けの発表会をしましたが、その直前に、私はコーヒーの担当者と都心の店舗の店長に、「100円のサンプリング・キャンペーンのスタートは2月初めで、テレビコマーシャルが始まったのがつい最近だけど、テレビコマーシャルが始まる前後で売り上げはどう変化したか」と聞きました。

ですが、彼らは即答できませんでした。つまり、テレビコマーシャルが始まる前後の売り上げに興味を持っていないのです。やはり、お店に行って商売のにおいをかぐと同時に、商売に興味を持たなくてはいけません。

そこで、すかさず彼らを「3分間ストアツアー」に連れて行きました。店に入り、100円のサンプリング・キャンペーンのメッセージがどこにあるかと見たら、レジ上とメニューボードに小さい字で「今だけ100円」と書いてありました。私は、すべてのテーブルにキャンペーン・メッセージを置くことは考えないのかと言いました。また、「今だけ100円」と書いてあるが、お客様が「今だけ」というものを覚えてくれると思ったら大間違いだとも言いました。140円に戻したら、値上げと思うお客様が出てきます。140円の値付けに×をつけ、その横に「今だけ100円」とすべきです。

よく来店されるお客様もいらっしゃれば、初めてのお客様もいらっしゃる。お客様によってどうとらえるかという感覚が違います。これが、店舗に行って3分間ですぐ分かる「3分間ストアツアー」です。そして、みんなそこから考え始めますので、この思考する姿勢をどう育てるかというのが私の腕の見せ所です。

## 「期待」と「売り上げ」の関係

マーケティングも競合他社と同じようなことをしていては効果がありません。商品力で驚かせるマーケティングと、プログラムで驚かせるマーケティングの2種類があります。

顧客心理というのは難しいもので、商品が優れているからといって必ず売れるわけでもありません。例えばオリコンランキングで、チキンのメニューを販売しているファストフードチェーンとコンビニを対象としたブラインド調査がありました。数百人に及ぶ調査でしたが、結果はおいしいフライドチキン・ランキングでマクドナルドの「ジューシーチキンセレクト」が1番との評価をいただきました。

ただ、それを信じろと言っても誰も信じません。おいしさを顧客にどう伝えるかが難しいのです。大事なことは、商品を経験する前の顧客の期待値と売り上げは、必ずしも一致しないということです。

過去の実例でいえば、成功したのはパソコン通販のデルでしょう。顧客はパソコンの通販サービスに過大な期待を抱きません。ですが、デルは売りっぱなしでなく、アフターサービスに力を入れたところ、「思ったよりいいじゃないか」とお客様から予想以上の評価を受けました。

失敗例は、ちょうど20年前にアップルが販売した「ニュートン」でしょう。手書きも認識できる画期的なパソコンという代物で、実際に優れていたと思います。当時の社長はジョン・スカリー氏。プレゼンテーションは素晴らしく、デモンストレーションでも機能の高さを大いに示しました。

ところが実際に購入してみると、デモのようにうまく機能しない。ニュートンは使えば使うほど、手書き認識精度が上がってくるのですが、初期化直後は手書き認識がそこまで成熟していないので、期待通りの認識率ではないわけです。期待値が高かったが故に、失望感も大きくなってしまったのです。同じ機能でも、マーケティングを誤るとヒットにつながりません。

## 九州の母が「マクドナルドは大丈夫なの？」

こういった他社の経験が生きたのが、２００８年に発売した「クォーターパウンダー」です。クォーターパウンダーは商品力がありますが、食べたことのない人を驚かせることは難しいのです。ですから、いかにマーケティングのプログラムで驚かせるかということです。

マクドナルドの顧客獲得率は四十数％ですから、「マクドナルドがクォーターパウンダーを発表します」と言っただけでは、約半分以上の人は端《はな》から来てくれません。そこで、いかにすべての人に興味を持って来ていただくかということが鍵になります。その機会点を提供して、食べた時に驚きや発見をしてもらう仕掛けのために、発売イベント店ではマクドナルドの看板を消しました。なぜなら、顧客獲得率40数％ということは、マクドナルドの看板がかかっている以上は、半分の人が来ないからです。

お店を1週間で改装して、５００円と６００円の2セットのみのメニューにしました。もちろんマクドナルドで販売して不評だと、マクドナルドのブランドに傷が付く

あえてマクドナルドのロゴを消し、「クォーターパウンダー」を発売

ことも考慮しました。

これは結果的に大成功しました。今でも主力商品としてマクドナルドを牽引しています。こんなエピソードがあります。九州の母から電話があり、「テレビで見て、すごいアメリカの競争相手が参入したみたいだけど、マクドナルドは大丈夫なの？」と言われたのです。これは効果が出たなと思いました。また、こうしたことで社員が盛り上がります。マクドナルドのビジネスは、社員が盛り上がるかどうかで売り上げが違うのです。

ただし、お客様のおっしゃることを鵜呑みにしてばかりいても、よい結果が出るものではありません。例えば、テストマーケティングをして、お客様の評価が高ければ売れると思われていますが、そうではないのです。お客様の評価で大事な意味を持つのは、商品発売後の継続的売れ行きであって、事前のスコアだけですべてを判断してはいけないのです。

# 小さな問題から大きな問題が見える

金額に目を奪われるのでなく、
その裏にあるビジネスの構造的問題を見抜く。

マクドナルドとアップルの違うところはたくさんあるのですが、アップルは、企業に対するユーザーのロイヤルティよりも、商品に対するロイヤルティがものすごく高いことです。

例えば、右軸に衝動買い、左軸に指名買い、縦軸にロイヤルティの高低、この4現象でいくと、左上の指名買いのロイヤルティが高いところにアップルがあります。ここの弱点は、代替可能な商品が登場したら、簡単にブランドスイッチされるのです。それに対して、マクドナルドは、右下のロイヤルティが低く衝動買いです。右下は、危ないようで実は安定しています。

「私はケンタッキーも、スターバックスも、マクドナルドも行く」という人がいっぱいいます。そして、「マクドナルドは嫌いだけど行く」という人もたくさんいます。これは、マクドナルド利用者の特徴であり、マクドナルドのスケールの大きさでもあります。そこは、意外と強さでもあります。ただ欠点は、節電15％目標が打ち出された時などのように、世の中の動きの影響を一番敏感に受けるということです。

### 100万円のための100万円ではない

ですから、マクドナルドの経営戦略において、私が今何をしているかというと、多少の外的要因で売り上げが大きく変動しても、経営がぶれないようにすることです。こういう時は規模のメリットを活かして、コストを下げていくことです。東日本大震災の発生時にもコスト構造を根本的に見直しました。あの時に行動していなかった

ロイヤルティと購買計画の有無で分けた消費者の４タイプ

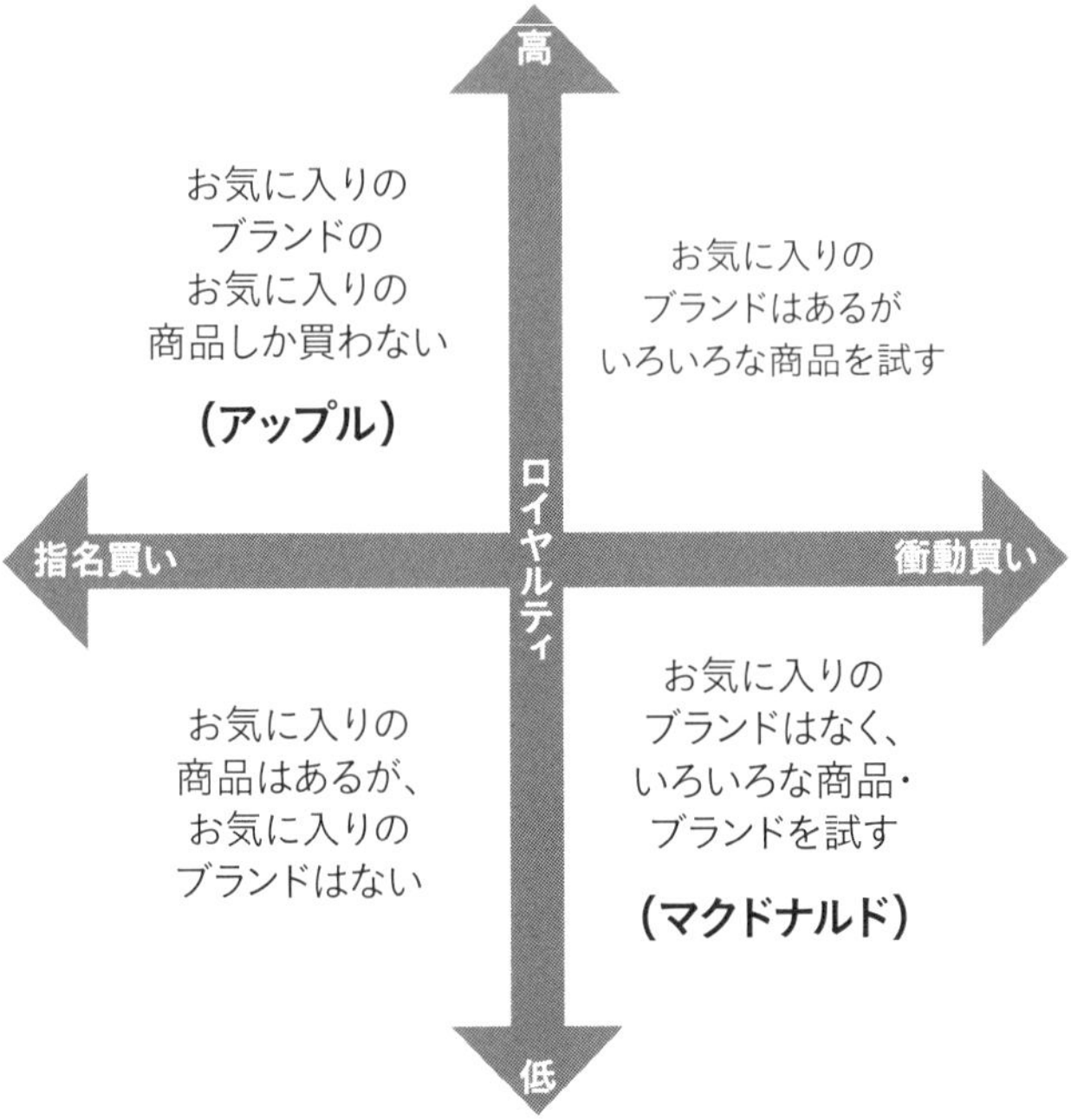

ら、2011年の好業績は絶対にありませんでした。震災があったので、全部を見直しましたが、あの時だったからこそ、みんながそれを受け入れたわけです。

また、それまで社長が承認する予算の決裁は1億円以上でしたが、これを100万円以上に下げました。金額の問題ではありません。使い方が問題なのです。

会社の予算の裏には、いろんな事情があります。例えば、厨房機器が壊れたので修理代に150万円かかるなどというわけです。そこで、「ちょっと待て。こういう年間予算はどれぐらいかかっているのか。機器の耐用年数のマネジメントはどうなっているのか。償却が終わった機器を使っている比率はどれぐらいあるのか。償却が終わったものをずっと使い続けた末に、壊れたから新しいものを入れるとなったら、キャッシュフローが随分変わるぞ」と考えたのです。

そこで「すべての機器に対して耐用年数のタイムマネジメントの対応策を立てろ」と言うと、社内で議論が起こって、すべての機器に対して寿命をきちんと見定めて管理するという方針になりました。

やはり100万円のための100万円ではないわけです。すべてがビジネスの診断となるのです。このように細かく見ていくと、小さい問題から大きな問題が見えてくるというわけです。

# 値上げの理由は、「おいしくなったから」が正解

お客様が分からない論理で説明をしない。
問答集を覚えるより「商売の感覚」を磨く。

いつの頃か忘れましたが、値上げをした時に、お客様に「なんで値段が上がったの？」とよく聞かれるというので、「レジの後ろにクルー用に小さいカードを貼って、誰でも説明できるように」と指示しました。ある日、店に出向き、３人の若い女性クルーに「値上げした理由について、お客様から聞かれたら、何て答えているの？」と

聞きました。1人目は理由を度忘れして、2人目が「今回は○○の原材料を△△して、□□のように形を変えました」と言うのです。「それはどこから聞いたの？」と聞いたら、「ここに書いてあります」と言います。そこで3人目に「あなたは何て答えているの？」と聞いたら、「おいしくなったからです」と言うのです。3人目が一番正しい答えです。

私が問題にしたのは、一般の人が分からないような論理で売り手が値上げの理由を説明しているということなのです。私は、「論理的な理由を書いて、それをお客様に説明するように」なんて言うわけがありません。つまり送り手の論理とならないようにきちんと徹底してほしいということだったのです。

しかし、店舗に行って私がたまたま検証したら、そんな問答集になっていたわけです。それで私はすぐにオフィスへ戻って、「我々は商売をやっているんだ。お客様に原材料の変更を科学的に説明するバカがどこにいる」と説教しました。私だったら、「お客様、食べてみれば絶対に分かりますから」と説明しますよ。それだけでいいのです。

## あと0・2をとることが筋力になる

もし「食べても分からない」と言われたとしても、そこは自信を持って説明します。「なぜ値上げになったのですか?」と聞かれたら、「おいしくなりましたよ。お客様、ぜひ召し上がってみてください」と説明するのです。これが商売というものです。そのトークが意外とできていない。私はマクドナルドの社員にこの商売根性とか商売の感覚がなぜ欠如しているのかと自問自答しました。

理由は、いわゆる訪問販売の経験がないからです。プッシュ型の営業の経験者がなく、プル型の商売だけを経験しているのです。プッシュ型というのは、1件1件で売る戦略を考えるのです。そのトレーニングを受けている人が少ない。半導体の世界では、もう1社1社競合していますからね。あの時の競争の裏話と言ったら相当面白いけれど、熾烈すぎて本に書けないことが多いですよ。

詳細は省きますが、競合他社の動きをデータベース化して、ずっと見ていくのです。営業の利益管理というのは、「どこどこには行くな」という決断が重要です。ムダなコストをかけるな、ということですね。でも、ただ「行くな」というわけではありません。競合し、失注する時は、相手側に大きなコミットメントをさせて、それで静かに撤退するわけです。向こうに労力をかけさせて、その間、ほかの顧客にうちの営業を集中するのです。戦力を戦略的に配分し、優位に戦況を進めるのです。

そういう注文をとる時のすごさということを30代で経験してきました。ですから、やはり売れたか売ったかという話をしますし、「9・8から、あと0・2をとることが筋力になるんだぞ」という言い方をしながら、意識を変えていこうとしているわけです。

ビジネスというものは美しいものばかりではありません。現実を知らないで、美しいことだけでは動かないということです。ビジネス本というものがよくありますが、それを読むだけではダメだということです。それに心の救いを求めているだけなのではないでしょうか。

## ハーバード仕込みの組織論では経営者になれない

若い時はいろいろな経験が必要です。私は旅館の番頭を4年間務めるなど、いろいろなアルバイトもしました。スーパーの精肉売り場でもバイトしていましたね。バックヤードに行くと年配の方が集まって会話をしていますが、その中に入って会話ができなかったらビジネスはできませんよ。女子高の入試で試験監督もやりました。そういったことが、役に立っています。幅広いコミュニケーションができなければなりません。マクドナルドの年配のクルーや店舗のマネジャーとも会話するわけですが、その中で随分教わったこともあります。

マクドナルドでも頭でっかちのコンサルタントをいっぱい集めて、ビジネスインサイトと称し、全部公表されている統計データで、「お客様のアンケートで、お客様はこう言っています。これが大事です」と言ってくることがあります。それはおかしいと思います。ただ数字が上がったり下がったりしただけの企画書をつくるなんて、あえて名前は申し上げませんが、ダメなコンサルティング会社と言えます。

20代でいい大学を出て、そのまま社会人になり、それなりの地位につくのが日本のビジネスパーソンのパターンです。ハーバードで習った組織論を振りかざして経営者のつもりでいたら、失敗します。やはり、学校を卒業してから35歳ぐらいまで現場で勉強して、いろんな経験をしてから勉強しに行けば、頭の整理がつくのです。実務の経験があるからケーススタディーが身につくわけで、それがなければ、頭は知識だけになり、勘違いすることになります。そういう失敗例がたくさんあるでしょう。

組織にはいろいろな才能を持つ人間が幅広く必要です。ダイバーシティー（人材の多様性）というフレームワークの中でルールをつくり、例えば来年の新卒入社は一定の比率を女性にするなど、トータルで中長期の人材のパイプラインをつくり上げるようないろいろな経験者の比率もきちんと決めるようにと伝えています。ＩＱの高い人材だけ採用すると、ＥＱ（心の知能指数）が欠如し面白みがなくなります。

# 物事をやる時は徹底する

やると決めたらやる。
面白いと思ったことにはどんどん挑戦する。
それが未来の自分をつくるエネルギーになる。

やはり、ビジネスというのは各人の性格とは切り離せないと思います。私が人からよく言われるのは、人の話を聞かないということです。そして、優しくないと言われます。自分の考えを通す、簡単に褒めないからだと思います。反論はありますが、それは私の信条ですね。

では、自分のことをどう自己分析しているかというと、発想はものすごく大胆ですが、実行はものすごく慎重です。人には見せないようにしますが、細かいところはやはりチェックしたりしますね。シンプルな答えの裏には、深い探求があります。マクドナルドやアップルなど使い勝手がよい商品・サービスの背後には、精緻な仕組みがあるのと似ています。

一番困るのは、「行くぞ」と言うと、みんなは「はい」とついてきてくれるのですが、みんなもよく考えてくれないと私の慎重さが伝わらず、求めるものとみんなの実行の質が一致しません。日々仕事をしていて、そこに私のエネルギーを一番費やします。つい細かいところまで見てしまうので、気づいたことを言わざるを得ない。みんながよく考えて、しかも大胆に発想するようになれば、後継者はすぐにできますが、一番難しいところでしょうか。慎重な人はたくさんいますが、大胆な発想をする人は少ないです。

## 机を見れば実力が分かる

物事をやる時はすごく徹底します。ゴルフを始めた時も、最初の３６５日は休まな

毎朝10キロのジョギングを欠かさない

い、毎日400球以上は絶対に打つと決めて、雪が降っても夜中に練習していたし、肋骨が折れても続けました。趣味のマラソンもそうです。最初の1年間は、雨が降っても絶対に休みませんでした。早朝出張の時は、夜中の3時に走っていました。もちろん今も早朝に10キロ走っています。

やると決めて、少しでも欠けるのであればもうやめてしまおうというぐらい、一度やると決めたら徹底的にやる。やらないのだったら、まったくやらないとはっきりしています。極端です。また、せっかちなんです。物を買う時などは、買

う と決める前に買っているみたいなところがありますからね。自分で決めて、自分で動くほうが早いですよ。自分の家を買う時に、比較購買なんかしたことがありません。

自分はやはり技術屋だと思います。自分の技術にある程度、自信やプライドはありましたからね。アップルへ行く前にかかわっていた半導体の検査装置やゲートアレイ診断装置などから見ると、もうパソコンがおもちゃに見えました。技術屋というのは自己管理の世界で、机の上を見ればその人の実力がすぐに分かるものです。特にソフトエンジニアは分かります。

とにかく、技術屋というのは迷路のような世界をずっとさまよっていくわけですから、自分が何を考えて、どう思考してきて、物をどうつくってきて、それをどうやって評価したかを、自分で論理的に見つめる力がなかったら絶対にできません。

子供の頃からメカ好きで、正月に3日徹夜して、自分でテレビゲームなどをつくりました。好きなことはなんでもとことんやるのです。ちなみに犬も大好きで、30代の頃ドーベルマンを飼っていたのですが、自分で犬小屋をつくって、警察犬にまで育てあげました。私のマンションの床の間にいましたよ。

## 「マックンロールナイト」でプロに混じりドラムを担当

それと、私は20代でジャズのビッグバンドをつくって、いまだにそのバンドは神奈川県平塚市で続いています。運動もよくやりました。職場対抗の水泳大会にも出て、私は潜水競争で75メートル潜って1番でしたからね。息継ぎなしで泳ぐ競争では、職場でいつも1番でした。毎週金曜日はマージャンで、毎日昼休みはバドミントンです。そして、週末はジャズバンドです。

音楽の経験は長く、アップルにいた時に、あるイベントをスタートしました。「マックンロールナイト」というものです。ロックンロールナイトにマックを引っかけた名称です。参加の条件は、IT業界の人間であること、アマチュアとプロの混成であること、マッキントッシュを使って作曲して演奏すること、という3つです。このイベントを7年ぐらいやりました。結構音楽が好きな人間が多いのです。赤坂ブリッツでやっていたのですが、一流のプロフェッショナルの中で、ドラムを私が担当するということもありました。とにかく面白いと思ったことにはどんどん挑戦します。それ

20代で結成したジャズバンドは今も続いている

が今の自分をつくるエネルギーになっているのは間違いありません。本当に結構遊んでいますね。何もせずにボーッとすることができないたちです。いつも何かで自分を忙しくしているようなところがあります。

また、ちょっと変わったところがあって、大雨とか雷の時にはものすごく心が落ち着きます。子供の頃、自宅が3回火事になったり、小さい頃におぼれ死にそうになり危機一髪で助けられたとか、そういう経験をしているから、あまり不測の事態が起こってもパニックにならないのです。

苦しければ苦しいほど、私はエネルギーが湧いてきます。学生時代のアルバイトでも、原付きのバイクに乗ってみぞれの中を走ると、涙が凍るわけですが、それが快感でした。その後の風呂が楽しみになるからです。

自分の性格を知っていますし、前から、「お前は会社をつくったら、心筋梗塞で死ぬからやめろ」と言われています。自分で会社をつくったら、24時間仕事なので、スポーツも付き合いゴルフぐらいしかできませんが、私は雇われ社長だからこそ、趣味のマラソンができるのです。

## 手帳にメモした情報はすぐに古くなる

物事に熱中するたちですが、とんでもなく抜けているところもあるというのも私の特徴ではないかと思います。みんなが知っているような時事ネタや流行を知らないことがあって、女房からよくバカにされます。でも気にしていませんが。新聞も好きなところしか読まない。知らない分野は本当に知らないのです。自分が興味あることにのみ興味を持つわけですが、スティーブ・ジョブズもそうでした。よく言えば「セレクティブ・メモリー」という思考です。強いリーダーというのは、いわゆる必要なことだけを記憶する。必要ないことは全然頭に入ってこない。でも数字はよく覚えていますよ。大事な数字だけですが。

もう1つの自分のスタイルは絶対にファイルをしないことです。「誰がどの情報を持っている」ということだけを覚えています。手帳も持ち歩きません。手帳に記録しても、見る頃には、もうその情報は古いだろうと思ってしまうのです。本当に昔からそうですね。

大きな組織を動かすには方向感とそれに必要なデータがあればいいのです。細かいことを一生懸命考えるのが嫌いだったり面倒くさかったりするので、ある部分は思い切り任せてしまうわけです。

それに私は社長のくせに、時々役員にも愚痴をこぼしますからね。うっぷん晴らしの相手もいますよ。社長というのは、孤独で誰にも相談できないという方もいるそうですが、少なくとも私はそうではありません。

# 第3章 人とブランドを育てる

# アップルはロックンロール、マクドナルドはポップス

マクドナルドは日常生活に溶け込んだブランド。
ブランドによって立ち位置や振る舞い方は変わる。

休日は子供を連れて公園に遊びに行ったり、ジムにトレーニングに出かけたりしますが、ちまたではマクドナルドの話題が多いなと痛感します。先日も都内の某公園で読書をしていると、近くにいる3組の母子がマクドナルドの噂を始めました。

「ハッピーセットのおもちゃはなかなかいいよね」

「でもハンバーガーはいらないのよね」

「チキンナゲットにもセットついているよ」

「ところで、ナゲットの材料って本当に鶏なの？」

そんな、びっくりしてのけ反りそうな意見も含め、言いたい放題。もちろんメガブランドの宿命でもあり、いちいち反論することはありません。それだけ日常生活に浸透しているということです。別の日には、世田谷の小田急線梅ケ丘駅近くで、マクドナルドのハンバーガーを食べたがる子供を、親が「とにかくダメ」と止めているので、「理由は何だろうか」とハラハラして聞いていました。

結局、ごはんを食べる前におなかがいっぱいになるという事情で、変な理由でなくて良かったです。いずれにしてもお客様の声や現場の声を聞くことが大切なので、しょっちゅう店には顔を出します。

マクドナルドは日常生活に溶け込んだブランドです。奇をてらったようなコミュニケーションをしてはいけませんし、あまりお高くとまってもいけません。ブランドごとに立ち位置とか、振る舞い方が違うと思います。やはり、マクドナルドの場合は、カジュアルなおしゃれ感みたいなところを目指しています。エルメスのようなブランドだったら、カジュアルなおしゃれ感ではいけませんよ。

例えば、アップルは、ある程度カリスマ性がないといけません。もうひとつは、お客様を囲い込んではいけません。お客様に囲まれなければいけないのです。まさにユーザーグループがそうです。反対に、我々はどちらかというと、お客様に囲まれてはまずい。お客様に提言していくスタイルでいかないといけません。

アップルは、ユーザーグループから叩かれて、褒められて、一緒に盛り上がるブランドです。私がアップルにいた時に、一番大切にしていたのがユーザーグループで、ユーザーグループとの接点が一番やりがいを感じる場でした。

秋葉原で新製品発売を控えた深夜の12時のセールスカウントダウンの時には、開店を待って千数百人が並んでいます。例えば、「新しい検索機のＯＳで『シャーロック』という機能が出ます」という場合には、私は、裏道からこっそりと車で行って、路地でシャーロック・ホームズのコスチュームに着替えて、中央通りを突然歩いて行くのです。それでお客様と一緒に盛り上がるというようなことをよくしていました。

ＩＢＭはシンフォニー・プレーヤー、アップルはロックンロール・プレーヤーとよく言いました。アップルは「俺を見ろ、俺のソロを聴け」ですが、それに比べて、ＩＢＭは「俺のソロを聴け」というタイプではなくて、周りの音とのバランスやハーモニーを考えます。とんがることはないのです。一方、マクドナルドは、音楽にたとえるとポップスですね。

## お客様は０・５秒以上使ってくれない

マクドナルドの顧客の購買行動は、お店の前を通ったその瞬間、瞬間で決まるので、あまり、お客様に考えさせてはいけないのです。ですから、社員には、「お客様は０・５秒以上時間を使ってくれない。いかにその間に、お客様の購買行動を促すかが大事だ」と言っています。マクドナルドがないと生きていけないというお客様をどれだけつくれるかです。

やはり、０・５秒でどう伝えるかというところには、相当こだわりを持って、テレビコマーシャルもポスターも随分変えてきました。

ブランドはトップの意思やこだわりを反映します。蛯原友里さんや笑福亭鶴瓶さん、平成中村座の皆さんや石川遼さんにも出演していただきましたが、セレブリティとか、動物とか、子供とかを使って、中途半端にしたらいけないということです。決して、クリエーターのためのクリエイティブになってはダメなのです。

ですから、私は今、「難しいことを考える必要はない。0・5秒の世界なので、素直に、誠意を持って、おいしければおいしいということを、誰よりも情熱を持って発信し、それを感じてもらえるようにつくりなさい」と言っています。

あれだけのカリスマ性を持って、お得感のある商品を出し続けておられる、ユニクロを運営するファーストリテイリング会長兼社長の柳井正さんはすごい方だと、私は思います。とにかくレベルの高いブランドの感性を持っていらっしゃるという気がします。

テレビコマーシャルにしても、強烈かつ独自性のある一貫した「ブランド」というのは、トップが直接かかわって初めてできあがるものだと思います。ユニクロは柳井正さんがつくり、ソフトバンクは孫正義さんがつくられているのだということが推し

0.5秒でお客様の心をつかむために工夫を重ねるポスター。上が良い例。下は要素が多すぎて注意が散ってしまう悪い例

測れます。

でも、私はそこまではかかわっていません。私がやりすぎると、マクドナルドのグローバルシステムの中でひずみが出ますし、日本だけとんがるわけにもいきません。

ですから、私の使命は、世界のマクドナルドグループで進めるグローバルなブランドプロジェクトのところでどう貢献していくかだと思っています。そういう意味では、オーナー社長の自由裁量はうらやましくもあり、ユニクロとソフトバンク両社の「ブランド」は素晴らしいと思います。

# 業績の結果なくしてブランドは光らない

改革も経営も人材育成も、成功の鍵は業績。
業績が悪くては何ひとつできない。

企業への信用とか商品への信頼は、日本は過去、著しく向上しました。ここで私が申し上げたいのは、そういうものは広告宣伝だとか言葉でつくれるものではないということです。

やはり、業績が一番大事です。業績なくしてブランドが光ることは絶対あり得ません。業績をきちんと守って初めて、申し上げたような活動が生きてくるのです。改革も経営も人材の育成も、すべての成功の鍵は業績だと思うのです。業績が悪くては何ひとつできません。

例えば、業績が悪いのに、社員教育に投資なんてできません。改革ひとつとっても、業績がよければみんな改革が正しいと言うし、業績の結果が出てこなければ、すべての改革が論理的に合っていても間違いということになりますよね。そうやって考えると、ブランドづくりも同じです。業績が下降しているのに、ブランドがピカピカ光っているというビジネスなんて見たことがありません。どんなにすすけた看板も、新聞に「業績がいい」と出ると光って見えるわけです。

## 信用を脅かす芽は、先手を打って摘む

マクドナルドは2001年に値下げ・値上げを繰り返し、消費者不信を招き、誰も忘れることのない負の資産をつくりました。世界でこれだけのブランド力を持っている企業が、なぜこんなとんでもないことをしているのか、もったいないという思いはありました。アップル時代に、社員に「私はアップルを卒業したら、世界でブランド

力を持った企業で仕事がしたいな」と言っていたら、現実になりました。

企業の信用というのは、ちょっとしたことで崩れていきます。マクドナルドの最高経営責任者（ＣＥＯ）に就任して間もない２００４年４月、商品の店頭価格を消費税込みで表示する「総額表示」への変更に伴い、一部店舗でお客様から二重に消費税を徴収するというミスが起きました。当時は３８００店あり、すべてのレジを人海戦術で新表示対応に切り替えたのですが、膨大な数のレジを設定するなかで、設定間違いは発生してしまいました。

二重徴収は２５５件、９０６１円。その時、ある管理職が「原田さん、お客様からはクレームが１つも来ていません」と伝えてきました。おわびの必要がないと言わんばかりです。

私はあぜんとしました。企業統治（コーポレートガバナンス）が全くなっていない組織だったのです。それで２８００万円を投下し、謝罪広告を出しました。周囲には「９０００円のためにやりすぎだ」との声もありましたが。

以来、どんなトラブルでも、夜中だろうが何だろうが、私に30分以内で報告するように指示しました。トップはあっという間に裸の王様にされてしまいます。二重徴収問題をきっかけに、悪い情報でも上がってくるような体制に変えることができたわけで、２８００万円はいい授業料だったと思います。

２００７年に発覚した、一部のフランチャイズチェーン（ＦＣ）店舗によるサラダの調理日時などの改ざん疑惑問題では、危機管理への教訓が生かされました。改ざんのうわさが耳に入ってきたので、すぐに社員を派遣して対応しました。会社全体の評判につながります。当初は会社ぐるみの偽装とまで言われましたし、写真週刊誌には店舗の衛生に問題があるかのような無関係な写真まで出されました。

そこで1週間ぶっ続けで、この件についての記者会見を開きました。最後の会見ではもうお互いに話すこともなく、「もういいですか」と記者側に聞くと、「結構です」との答えが返ってきました。危機管理を徹底し、会社の信用を脅かすような芽は先手を打って摘みとらなければなりません。

## ブランドづくりに必要な「サプライズ」

信用とは違いますが、安全対策もできるだけ隙をつくらないことです。深夜でも最低3人のクルーを置くほか、暗いうちは店舗の外に出ないなどの厳格なルールを設けています。もちろん、セキュリティー会社とも連携しています。トラブルはとにかく用意周到に対応することが重要です。

例えば、コールセンターに届いた不満の手紙に、私はものすごくセンシティブです。結論が出て、お客様が納得するまで、マクドナルドの社員がどう対応したか追いかけますから、相当うるさいです。社員にしてみれば、「社長宛てに手紙が来たからといって、ひとつひとつ言われたらたまりません」と思っているかもしれません。でも、そのひとつひとつが大切なのです。

ブランドづくりでも社員を鍛える必要があります。若い人には、もっととんがってほしいと思います。私はアップル時代に商品発表会をさまざまな場所で行いました。1990年10月の「マッキントッシュ・クラシック」の発売イベントは、東京・汐留のテントの中で実施し、ラジコンのヘリコプターで新商品を持ってくるという演出をしました。翌年の新商品発表会は、当時人気のあったディスコのジュリアナ東京で行いました。ニュース番組のスタジオ風のセットを組み、私がキャスターに扮して商品を解説するという演出もしました。

ほかにも、東京オペラシティのオープンスペースの階段で「マックＯＳ10」の発表会や、ソフマップ有楽町店で日本で初めてのｉＰｏｄの発表会を実施しました。このように会場設定から大きなサプライズを起こしていかないといけません。クォーターパウンダーの発表会も、表参道の店を改造して行いました。

このように、おしゃれだけど他社では使えない、そして誰も見たことがないというのがマーケティングの原則ですから、そういうことにチャレンジするエネルギーがほしいですね。

ただ私自身、マーケティングを学校で学んだことはありません。「理論」は学べるかもしれませんが、実際にどのようにしたら人はワクワクするのか、驚くのかということは人から教わるものではないと思うのです。米ハーバード大学のマーケティング講座でも、きっとそんなことを教えてはくれないでしょう。そもそも、マーケティングは想像の世界だから、教科書はないと思わないとダメです。

# お客様を「ワーォ!」と言わせる

マーケティングは理論通りには動かない。
お客様にびっくりしてもらおうという
情熱がなければ商品は売れない。

マーケティングでこだわることは、「ベストを尽くす」「一流を目指す」「妥協しない」の3原則です。ですから、新メニューのレビュー会議では、「グッドだけど、グレートじゃないね」と返事するケースが多いですね。とにかく新メニューを食べたお客様に「ワーォ!」と言ってもらわないと。

私は昔から人の度肝を抜くことにこだわっていました。ちょっと古いですが、20

社長に就任後、初の大規模イベントに象を呼び、会場を沸かせる

05年に開催した店長やフランチャイズオーナーが一堂に会するミーティングの時の話です。社長になって初めての大規模イベントだったので、担当者に「よし、みんなを驚かすために象でも呼んでこい」と言いました。すると本当に連れてきましてね。

せっかくだから、象が壇上に並べた競合他社の商品を鼻で払いのけて、マクドナルド商品を食べるという趣向にしたら、会場は大いに沸きました。こちらもそんな会場の様子を見てしっかり経営しようという気持ちになります。ただそのイベントでは1つ失敗しました。象は予定通り競合の商品は捨てましたが、入場前に餌を食べすぎて、マクドナルドの商品も食べませんでした。

最近の若い人はまじめで優秀ですが、パワーが感じられません。マーケティングに理論はありますが、その通りには動かない。とにかくお客様にびっくりしてもらおうという情熱を持たないと商品は売れません。やはり、そういうところのエネルギーを、どうやって若者に持たせるかが私の課題です。

ある時、私はマーケティング部門の若者だけを集めて、「1人ずつA4 1枚のエッセーを書け」と言いました。それを、1人ずつ発表させて、そこでいろんな自由討議を行ったことがあります。そうすると本人の能力も上がりますし、人の心の底にあるものを感じる力がつくので結構面白い。そういうことを半日かけて1回やったら、みんな「すごい勉強になりました、またやりましょう」と言っていましたが、企業も学校ではないので、そんなことばかりしていられません。

## 独自性は強すぎず弱すぎず

もちろんブランドのありようを見間違え、失敗したこともあります。商品企画で、独自性が強すぎると成功しないという失敗事例はいっぱいあります。あまり独自性が強すぎると、消費者に定着するまでにものすごい投資と時間がかかりますし、一方、コモディティに偏りすぎると、価格戦争にしかなりません。すなわち、その真ん中のところにあるコモディティでありながら、お客様が慣れ親しんだ食のスタイルであり、独自性を持ったものがヒット商品になるのです。

その一例が、「メガマック」や「クォーターパウンダー」です。逆に、独自性が強すぎて失敗した典型的な例は「マックラップ」です。あまりに短期間で終了してしまったため、誰の記憶にも残っていないのではないでしょうか。失敗の時は、撤退も早いですから。また、サラダも失敗しました。よくある失敗の原因は、消費者が望むことと購買行動は必ずしも一致しないことです。

例えば、メロンパンやピタも失敗です。社員やお客様が言っていることを、頭のいい人はどこかの知識と経験で判断して成功すると思っているのでしょうが、ビジネスはそんなにやさしいものではありません。

# 若い世代の創造力を高める

過去の成功体験からは、新しいモノは生み出せない。
社内の非常識が、ビジネスの成功につながることもある。

事業モデルをつくることは簡単ですが、その事業を実践していく人材をつくるのが一番難しいです。人材さえ育てることができれば、日本マクドナルドはまだまだ伸びると思います。ただ厳しいことを言うようですが、社員の提案で過去8年間、私の期待を超えてくれたのは1回しかありません。TBSの生活情報番組「がっちりマンデー」での提案です。

番組でゲストへのメニュー提供がありますよね。数年前の年末特番で、「マクドナルドの食材を使って、すごくでかいハンバーガーとおせち料理をつくってくれ」と指示しました。すると、バンズもビーフも全部特注で、1人で持てないほどの大きくて重いハンバーガーをつくってくれ、また、おせち料理もすごく凝っていて素晴らしかったです。

それらはメニューグループの社員が情熱を込めてつくりました。番組収録の直前に控室で初めて見たのですが、「私の期待を社員が超えてくれたのは初めてだ」と思わず言ってしまいました。あれには、本当に驚きました。それぐらい極端にしてくれてよかったです。そんな発想を持つ社員をたくさんつくりたいのです。

## サラリーマンはなぜバトンタッチしないのか

私は33年間、ＩＴ畑でビジネスをずっとやってきました。マクドナルドに入ってくるまで、ＩＴ以外の業界に行くなど全く想像していませんでした。転職して、今までにないやりがいを感じた部分は何かというと、やはりピープルです。

マクドナルド特製のおせち料理

昔は、人を育てるという感覚が全くありませんでした。ＩＴ業界はどのようにして商品をお客様に買っていただくか、どんな商品を開発するかということについては、ものすごくいい議論ができます。しかし、私自身はどうやって若者を育てて、日本のためにどう貢献するかなどということは考えていませんでした。私自身、マクドナルドに来てそこが一番変わったのではないかと思います。今、そこに一番難しさを感じていますし、やりがいも感じているわけです。

最近になって、海外研修等の教育と、若者や女性をもっと起用するということに相当力を入れてきました。でも、もっと早くからアクセルを踏んで、加速すべきだったと思います。また、新卒採用も少し力の入れ方が欠けていたかなという気がしています。人事政策をもっと加速しておけば、向こう5年間の人材のつながりもだいぶ変わって見えたと思います。

昔の理念を切り替えるために、社員には、「年功序列廃止、成果主義、適材適所」と相当エネルギーを持って話してきました。そこに対しての社内全体の抵抗はあまり強くはありませんでしたが、多少あるとすれば、年功序列で過ごしてきた社員がその変化のブロッカーでした。昔は、端午の節句や桃の節句や正月のお年玉で、一律1万円を全員に配るみたいなことがあり、合計すると相当な金額でした。それを、自分で努力し、自分でもらうという手法に全部変えていきました。インセンティブもボーナスもすべてです。

そんな時に行政から、定年廃止か定年延長か、再雇用を選択しろと言われました。廃止以外は、実力ある人には年齢に関係なく働いてほしいという理念と全部矛盾しますから、理念を貫くために、定年廃止を選択しました。その時に、後継者育成プログラムというものをつくり、ある程度の変化が起こり、実績も出てきましたが、50歳すぎの世代は、若者を育てないといけないというプレッシャーがないのです。ですから、本来の定年である60歳までに若者を育てることができた人だけが、再雇用や延長をできるというプレッシャーをかけて、育てさせるという意味で、また定年制と再雇用制度を復活させました。

スポーツの世界でも政治の世界でも、そろそろ若者にバトンタッチという考え方があるのに、なぜサラリーマンの世界にはないのでしょうか。継承していく文化をつくっていくことができたら、適材適所で定年廃止にしてもうまくいくなと思いました。

## 日本は人を雇い、アメリカはスキルを雇う

人事制度の見直しもテーマの1つです。上司が部下を評価するだけで終わってしまいがちな今の仕組みも、若い社員をコーチングして育てることを最優先にした中身に変えたいと思っています。大事なことは若い世代の創造力を高めることです。過去の成功体験を基準とした視点からは新しいモノは生み出せない。極端に言うと、社内の常識ではやってはいけないことが、社外では通用して、ビジネスとして成功することもあります。

ですから、これから新規の人材登用をさらに加速させていきます。2013年春の新入社員は2012年春の4倍に拡大します。新しいことにどんどんチャレンジさせて、社内を刺激していきます。世界のマクドナルドの経営陣を輩出するような人事のパイプラインを構築することが当面の仕事です。

私が入る前の日本マクドナルドは、トップダウンの年功序列型でした。言われたこ

とはやる、だけど言われなかったことはやらないという組織でした。現場本位ではありましたが、自分で考えていく、あるいは言われたことの意味を考えるというところの教育は足りなかったと思います。

「日本企業は人を雇うが、アメリカ企業はスキルを雇う」とよく言いますが、確かにマクドナルドもそれにあてはまる会社でした。事実、私が転身した頃の２００４年は、社員が他社にヘッドハンティングされるなんて話は聞いたことがありませんでした。

ただ、私はその両方のミックスが大事だと思います。例えば、サプライチェーン（供給網）の責任者だった社員がいましたが、マーケティングをさせたり、人事をやらせたりと、幅広く担当させました。最終的にはサプライチェーンに戻ってきたわけですが、これは日本型の人事ですね。

こうした人事について、アメリカ本社では「原田はクレイジーだ。サプライチェーン出身にマーケティングをやらせたらしいぞ」とうわさになったそうです。確かにスペシャリストも大事ですが、ゼネラリストも必要です。その組み合わせがやはり必要です。今は、アメリカ本社の役員もこの人事施策の意味をよく理解しています。

# グローバル企業の社長のミッションは「通訳」

文化や思考が異なる中でお互いが分かり合うためには、ブリッジ役が必要。

英語は必要です。ただやはり、日本人がグローバル企業で成功を収めるには、世界の文化を学ぶことも大切ですが、その前にまず、日本文化を知ることです。そして、英語で考えて英語でしゃべる、日本語で考えて日本語でしゃべるということです。グローバル企業のリーダーのミッションの1つは通訳で、異文化や思考の違いの中で分かり合うために、誤解を招くことなく双方の意見を伝えるブリッジ役なのです。ですから私は、社内でガチガチの頭の日本人とガチガチの頭のアメリカ人の通訳をしないといけないことが結構あります。

マクドナルドに来て、私もとんでもなく誤解をされたことがあります。それぐらいグローバル企業というのは、グローバル・アラインメント（海外との連携）、異文化の中でのブリッジ役という大きな仕事の負荷があります。その意味では、日本企業のトップが、どれだけグローバル企業として、グローバル・マネジメントのチームと連携し、その文化をつくっているかと考えると、ちょっとできているとは言えません。

## 本社COOのアシスタントを日本に住まわせる

マクドナルドのマネジメントは、ピープル・ビジネス、レストラン・オペレーションというコアになる部分はグローバルでかなり共通です。言語も共通言語で成り立っています。その一方、それぞれの国の文化背景に合わせ企業認知のあり方を変えるとか、日々の業務推進の一歩上に立った経営改革とかになると、コミュニケーションが大変です。

例えば、フランチャイズの改革や店舗の構造改革という時には、結構ハードルの高いコミュニケーションをしないといけません。しかし、日々そうしたことをする時間はありませんので、私は、アメリカ本社の最高執行責任者（COO）のアシスタントを日本に呼んで来て、日本に住まわせたこともあります。

当時、直営店が7割で、フランチャイズ店は3割しかありませんでした。この比率を逆転させると私が言っても、その狙いが分からない人がほとんどでした。日本も海外のようにFCを増やすべきと私は思っていましたが、日本法人にも反対者がいました。その考えを、あの当時COOにプレゼンテーションしたら、彼はよく分かってくれて、CEOのところにすぐプレゼンテーションをしたほうがいいぞと言ってくれました。そこで、翌月アメリカの本社に行って、大きな方針だけ決めてスタートしたのです。

ただ、それを実行する私の手足になって動いてくれる人がいませんでした。財務的な部分も含めて、本社の説得も非常に大切です。そのためにはCOOが要になるから、

ＣＯＯのアシスタントを呼んでくれと言ったのです。まさか私がずうずうしくそう言うとは誰も思わなかったのではないでしょうか。

# 「全社的視点」で考えられる人材をつくる

メニュー、マーケティング、オペレーションなど
部門をまたいで最適化を考えられる
後継者を育成しなければいけない。

私は、自分の好みでは決して人材を動かしたりしません。やはり自分に言い聞かせているのは、誰に対してもフェアな機会を与えることです。それがないとエゴイズムになってしまう。どういう方向で変化していくということも全員にフェアに伝えます。ついてきてくれればそれでいいし、嫌だったら去ればいいという考えですので、そこは非常に冷静にジャッジします。

ただ、一緒にやっていく人に対してはかなり厳しいですね。自分に厳しくするのと同じように、一緒に立ち向かっていこうよと厳しい姿勢でいきます。最初の3年間ぐらいは何を要求されているのか分からないのではないかなと思います。3年以上たつとやっと理解してよくやってくれます。アップル時代の人とも当時からの付き合いがまだ残っていますし、今の役員もそうだと思います。

もっと言うと、後で理解してくれて、そこからまた付き合いが始まることもよくあります。その時は分からないけれども、後で分かるという人もいます。「あの時厳しくやられたからこそ、今、自分はこういうことで頑張っています」と後で結構言われます。

1~2年でどんどん会社を変わる人はたくさんいます。やはり最低5年、できたら10年は1カ所でやらないと仕事はできないでしょう。特に、部長以上のクラスになると、1つの仕事で5年やることが必要ですよ。

私が非情に冷徹に人材を切るというのは、その人物がビジネス・アジェンダ（会社のため）で行動しているか、パーソナル・アジェンダ（自分のため）で行動しているかという判断によります。それがパーソナル・アジェンダだった時は、絶対にそこでけじめをつけます。やはり、自分個人よりもビジネスを考えて行動しなければいけません。ビジネスを犠牲にして自分のために行動したら許しません。

## 後継者をどう育てるか

ある経済誌に情報を流した人もいます。社内情報の断片的なものを持っていって、面白おかしく雑誌に書かせるのです。社内改革など大きな変化を起こそうとすれば、必ずそういうのは出てきます。私に擦り寄ってくる人に限って私に言うこととは違うことをやっています。ある担当者は、フランチャイズオーナーの状況をいくら聞いても、「いや、すべてうまくいっています」としか言いません。しかし、空気を見たら、うまくいっているわけがないというのは分かります。

ある日、直接オーナーと話をしたら、私に上がってくるレポートと実際が全然違うことが分かりました。その担当者を呼んで、「あなたと私の信頼関係がなかったらビジネスはできない。私を裸の王様にする気か」と一言言ったら、退職届をすぐに持ってきました。日本マクドナルド入社直後の2004年はそういう時代でした。

いや、もう自信がなかったのでしょう。本来であれば、7年連続で業績がマイナスで、私が入社する直前にリストラ対策をやっているわけです。早期退職パッケージで社員の退職を促しているのに、執行役員が誰ひとり辞めないというのはおかしなことです。マネジメントのけじめがないわけです。業績不振でリストラを行うのであれば、最初に自分にけじめをつけなければいけません。

自分のハードルを上げれば上げるほど、後継者のハードルも高くなりますので大変です。ただ、日本マクドナルドの社員を私の期待に対するギャップで評価するといけないと思っています。世の中のマーケットのスタンダードや海外のマクドナルドの社員と比較したらすごく優秀だと、自分に言い聞かせています。

後継者を育てるためには、全社的視点で物事を考えることに一番力を入れないといけません。マクドナルドで私の後継者ができたとしても、私がしなくてはならないことはまだあると思います。70歳までは頑張りたいというのが今の私の本音です。

あと5年たてば、今の20代から30代前半の人たちが中心的立場で頑張るでしょう。

店舗開発、メニュー、マーケティング、オペレーション等の縦割りのリーダーはきちんといます。しかし、全社レベルで考える能力がないと経営はできませんから、会社全体の視点で最適化モデルや連動を考える人材をつくらなければならないと思います。専門職は十分いますので、総合職が必要です。

それにしてもこれだけ大きな組織で、継続的に数字をつくって、改革のリーダーシップをとり、しかも人を育てるというのは大変なことです。先日、アメリカの本社にこう言いました。「私と全く同じ後継者など育つわけがないよ。それが必要でないかもしれないし」。私が今やっていることと同じことをやる人をつくろうと思ったら無理でしょうね。ですから、次のマネジメントは属人的な能力に頼らず、どういう仕事があって、誰に何をやらせるか具体的なミッションを提示することが現実的です。

# 第4章
# 「価値」を創出する

## 「豊かさ」を提供できてこそバリュー

早さ、便利さ、デジタル化だけで本当に幸せになれたか。
マクドナルドのビジネスは、
食という人間の根幹に直接訴えること。

ビジネスで成功することと、新商品を提供してお客様を本当に幸せにしたかというのは別の話です。

世の中にあるもの、人間の新しい文化が生まれた時は、必ず弊害が起こります。例えば、飛行機や自動車の発明には公害が伴いました。今、インターネットも社会問題を起こしているでしょう。匿名で誹謗中傷、無責任なコミュニケーション、青少年をだますような犯罪も出てきています。やはり、これも乗り越えなければいけない問題です。

では、アップルのｉＴｕｎｅｓにしても電子書籍にしても、本当に人を幸せにしたかというと、どうでしょうか。便利にはしていても、幸せかというと少し違う気がします。

それともう１つ、最近私が思うことがあります。テクノロジーの革新でビジネスモデルの変化を牽引していくリーダーシップは、素晴らしいものだと思います。しかし、どこかの企業をやっつけてどこどこの企業が勝ったのだ、というのは正しいのかということです。

やはり変化によって淘汰が生まれることは、革新によるエゴイズムとも言えます。どこかを負かして自分が勝つという変化だけではなく、コラボレートして一緒に時代をつくっていく、一緒に変わっていくことも考えないと、人間の価値観が若者の間で間違って培われる気がするのです。どこかを負かした者が勝者のような感覚になるかもしれませんが、それは違うと思います。

日本の農業政策でも、変化しないところが税金で保護されるのではなく、ともに海外との競争に勝っていこうと変化するところを支援していくことが大事だと思います。改革とは、ただ行動するだけではなくて、変化しましょうというビジョンを共有することで、コラボレーションすることです。

## すべてバーチャルでいいのか

ｉＰａｄやｉＴｕｎｅｓを否定するつもりは全くありませんし、世の中を豊かにした素晴らしい革新だと思います。紙媒体のものをコンピュータやデジタルに移植して、いつでもどこでも誰とでもコミュニケーションできることもバリューです。しかし、本当にそれで幸せになったかというと、少し勘違いさせているのではないかなと思うのです。

私は今、それらがなくても生きていけています。携帯も、我々の若い頃（１９８０年代）まではありませんでしたが、それがなくて不便だと思っていたかというと誰も思っていなかったのではないでしょうか。社内でメールなどなかった時代です。１つの情報が1カ月ぐらいたってようやく回覧板で回って来ていました。

では、あの時に企業の競争力や生産性が低かったか、仕事をしていて非常に問題があったかというとそうではなかったような気がします。そういったことを考えた時に、ただ便利になる、早くなるだけではなくて、人間の生活を豊かにするものが何かを考えなければいけないのではないかなと思います。

豊かさとは、個人の豊かさと社会全体の豊かさがあると思うのですが、社会全体の豊かさを考えた場合、国内総生産（GDP）のような数値ではなく、人間らしく生きる価値を生み出したかどうかが重要になります。

最近、そういったことを考えていると、このままでいいのかな、人が外に出かけない時代でいいのかな、と感じます。やはり人間の生活や経済は、人が外に出かけて動いて、お金が動くことで回っていくわけですから、それが全部バーチャルになっていいのかなという気がします。

では、我々のビジネスはどうかというと、食は生活の原点の1つですから、おいしいものをお得感のある値段で、そして快適な空間で提供することです。人間らしいところに一番直接的にかかわり、貢献しているのではないかと思うのです。このやりがいやプライドは、社員やクルー全員が持っていると確信しています。

# 原点に立ち戻って、新しいライフスタイルをつくり出す

外食産業にはインベンションがない。
マーケティングでなく、
商品で成長しなければいけない。

ブランドの今後のチャレンジは、フードイメージ（商品やメニューのイメージ）をどのように変化させていくかです。来店していただけないお客様に限って、マクドナルドは体によくないと思われがちです。本当に素晴らしい食材を使った本物のメニューだということを、どのように伝えるかが課題です。

また、「わが社は、コミュニティーにとっても、お客様にとっても、クルーにとっても、不可欠な存在」というコーポレート・ビジョンを掲げています。そのビジョンを伝えるためのブランドブックもつくり、いかに、このブランド・パーセプション（認知度）を上げていくかにチャレンジしています。世界中のマクドナルドでそのプロジェクトに10人ぐらいで取り組んでいるのですが、私もその中の1人です。

どうしても、企業が大きくなればなるほどアンチテーゼが登場します。いろいろと攻撃を受けるのは宿命ですよね。だからこそ、メニューに関しては本当にいい食材を使っています。そして、本物の食材だということを徹底して伝えることが大事です。あと、どういう言葉でどうコミュニケーションするかは、まだ固まっていないのですが、企業が社会の一員であるという理念をつくっていかなければなりません。ブランドとは商品力だけで成り立つものではありませんから、企業のビジョンとか、企業の理念がしっかりしていないと構築できません。

## 世界のトップ30が集まる会議

日本マクドナルドでも、まだまだ改革しなければと思うのは、やっぱり品質管理とかコンプライアンスの考え方です。リスクについて仮説を立てて、リスクが現実にならないようにシミュレーションしていくことです。QA（品質保証）に関してはまだまだ事業を拡大する機会点があります。

商品イメージについても認知と現実のギャップが大きいので、これを埋めたい。よくジャンクフードなどと言われますが、現実には相当なレベルの素材を使い、品質を高めています。ポテトやビーフ1つとっても、そのサプライチェーンの素晴らしさと、農場、生産ラインから店まで徹底した食材の品質管理がまだお客様に伝わっていませんね。これは5年、10年かかることです。

例えば、親子で工場見学に来てもらう、ビジネスの内部をガラス張りで見せるようなイベントも有効だと思います。食材を供給する取引先ともタイプアップしてマクドナルドの成り立ちを見ていただきたいです。ビーフのパティの生産ラインやバンズ工

ビーフのパティ（上）とバンズ（下）の製造ライン

場などを見たら、みなさんビックリすると思います。

また、メニュー開発の理想的なあり方についても議論を始めています。例えば、最初にハンバーガーをつくったのは誰か。また寿司の起源は東南アジアと言われており、あの江戸前寿司に発展したとも聞いています。それぐらいの原点に立って、新しいライフスタイル、新しいメニューのスタイルというものを考えるエネルギーが必要です。

ＩＴ業界を見てください。スティーブ・ジョブズはｉＰａｄ、ｉＰｏｄをつくったではないですか。外食産業は何をやっているのかと自問します。なんか同じものばかりが並んでいますよね。外食産業にはイノベーションはあるかもしれませんが、インベンション（発明）がありません。

それとメニュー開発者がビジネス全体の企画を立てられる能力も大切です。今はメニュー主導のビジネスモデルではなくて、やはりマーケティング、オペレーション主導になっています。なぜ商品でもっと成長しようと考えないのでしょうか。アップルなどは、商品開発者が企業の心臓です。マクドナルドだってものづくりの会社ですから、開発力が一番大事でしょう。商品イメージを変えていくことで、マクドナルドのブランドはもっと光ると思います。

毎年、世界中のマクドナルドのトップ30人が集まる会議があります。今年で9回目ですが、9回連続で参加しているのは私だけです。

それにしてもきつい会議ですよ。4日間、30人がやたらと広い部屋で輪になり、朝から晩までパワーポイントも使わずにただしゃべるだけ。内容は社外秘のため書くことはできませんが、数字の評価やデータ分析をもとに論理的に戦略を議論するのではありません。

成長源はどこか、今のメニューの味は変えるべきか、変えないべきか、どこを変化させて、どこを変化させてはいけないのかなど、世の中や消費者の動向を冷静に探りながら、日頃のマネジメントから一歩離れた客観的な視点で今年も経営を見つめ直しました。経営理念や経営ビジョンについて話し合うクリエイティブな空間です。

# 経験よりも、「ラーニング・スキル」

何を勉強してきたか、経験してきたかは関係ない。
今後何ができるかが重要。

日本の弱点は人材の流動性のなさです。労働基準法の判例を見ると、たとえ社員のほうに問題があってもなかなか解雇できません。ですから、経営者は固定費の弾力性を担保しようと非正規社員を増やす方向に向かいがちです。

人間は自分を守ろうとします。自ら変化するというリスクをとりたくないと思うのはやむを得ません。しかし、そうなると人材の流動性はなくなります。サービス産業は人が足りなくて困っているのに、別の産業では人がいっぱい余っていると聞きます。その結果が少子化、年金、社会保障、保険の問題であって、いろんなところでその対応策を後手後手にやっているだけです。根本的な問題は、日本の国際競争力を含めて、人材の流動性をどうやってつくっていくかだと思います。

日本人が世界で競争するために乗り越えなければならない日米の文化の違いを1つご紹介します。国の文化や風土を超えて活動するグローバル化というのは、大変であることも事実です。それを強く感じたのは米アップルの日本法人時代、1995年にハーバードAMPに参加した時のことです。

研修は教授から一方的に学ぶのではなく、「あなたが経営者だったらどうする」といった実践的なディベートが中心です。しかし、日本人はほとんど発言しない。そこで教授がある日本人に発言を求めましたが、驚くことにその人はそれでも発言しない。そして「パス」と答えました。教室中が大爆笑で、それから彼は「ミスター・パス」と呼ばれていました。せっかくの才能を生かし切れない日本の象徴的な一例です。

ついでに申し上げると、夫婦関係でも文化の壁を目の当たりにしました。卒業の週に、研修生の奥さんやパートナーを呼ぶプログラムがあります。教授が、「皆さんのパートナーは大変な苦労をして卒業します。帰ったらどんな声をかけますか」と聞くわけです。日本人は「ご苦労様です。どうぞゆっくりなさってください」と言いますが、外国人は全く違います。「子育ても1人でやって大変だった。その苦労を埋め合わせするためにプロモーション（昇進）してもらわないと納得できない」と。いいか悪いかではなく、それぐらい違いがあるということです。

　また、こんな話もありました。AMPの日本人のメンバーに、私が「みなさん、今の企業で定年を迎えるのですか」と尋ねると、全員がなんという発想の質問だ、という顔をしていたのを記憶しています。それが15年前の出来事です。今、新卒の学生でさえ、一生1社で勤め上げるのが唯一の人生モデルだと信じている人などいるのでしょうか。

　聞くところによると、今の若者には、不景気の時代だから安定して勤め上げられる会社に入社したいという志向があると聞きましたが、このグローバル化の時代にそんな会社があるわけありません。

## 同業他社からは採用しない

一方、ある程度の年齢の人を中途で採用し、そこに新卒を入れていくと、新卒の成長の阻害要因になっていることがあります。そこを健全にするためにどうするかというと、新卒をたくさん採って中途を減らし、バランスをとらなければいけません。

指導してリターンが高いのは、やはり若者です。年をとった人にいくらトレーニングしてもリターンが上がりません。人は40歳をすぎたら変わらないのではないでしょうか。

もちろん若さというのは実年齢で言うものではなくて、ラーニング・スキル（学習能力）だと思います。ですから、面接の時に、若い人にもマネジメントクラスの人にも必ず言うのは、「あなたが何を勉強してきたか、何をやってきたかは関係ない。今後何ができるかが問題で、その鍵はあなた自身のラーニング・スキルにある。入社して何かこれまでの経験を活かしてお役に立ちたいなどと絶対に思わないでほしい。お役に立ちたいと思った瞬間、迷惑だ。今までと同じことをやられるとうちの企業の強さはなくなるから、うちの企業の強さを学ぶまでは一切役に立とうなどと思わないでほしい」ということです。

アップルの時もそうです。ＩＴ業界から人を採ったことはありません。今も、外食産業から人を採っていません。同業他社から採ったら、必ず同じことをやって同じように失敗していくからです。もっともそれは面接でパッと見抜くことはできません。1時間の面接で、その人のスキルと今後の人生が分かったら、どこの会社も成功しているでしょう。どこの会社でもみんな同じ苦労をしているのではないでしょうか。

ですから最近、私は新卒のセミナーには必ず行って、大学生に向かって1時間話します。会社のビジョンを含めて、いかに皆さんの人生の価値をマクドナルドが高めるかという話をするわけです。すると随分、応募率が上がります。マクドナルドに入るまで、そんなことはかけらも考えたことはありませんでした。

## 10年前から感じていた日韓の勢いの差

ある程度、この歳になってピープル・ビジネスを経験し、今何をやりたいと言われたら、若者をどう育てるかというところに貢献できたらと思います。特に、日本人を育てたいですね。

もうひとつは、日本企業をどのようにグローバル化していくかです。やはり経営陣のグローバル化が、日本はものすごく遅れている気がします。アメリカやヨーロッパ、アジア企業の経営陣にはさまざまな国籍の人がいるのと比べた時、特に日本企業の役員のダイバーシティ（多様化）というのがすごく違う気がしますし、閉鎖的です。

海外を見ると、経営陣と社員は違います。しかし、日本企業は社員の延長が経営陣だと思っているので、違うということを認識させ、本当の経営戦略のリーダーをつくっていかなければと思います。

私は30代の時、半導体テスターも含めた装置の直販部隊をずっと担当していたので、日本のエレクトロニクスメーカー、半導体メーカーはすべて行きました。売り込みの立場で、すべての企業体質を見てきました。共通しているのは日本の文化でした。韓国にしてやられるのは10年前から分かっていたことだと思います。

私がなぜ、10年前から分かるかというと、米シリコンバレーでカラオケバーに行った時の、日本のビジネスマンと韓国のビジネスマンの勢いの差です。カリフォルニアには、日本人が経営しているカラオケクラブがありました。そこに行くと、世界中からいろいろなビジネスマンが来ていて、韓国人が一番元気がありました。高級洋酒のレミーマルタンをどんどん開けて一気飲みしていました。でも、韓国企業の連中は、その夕食後に会社に戻って仕事をするのです。

そんな精神力と体力に、日本人は押されています。マクドナルドの韓国出身の新入社員も優秀です。

## 「知力」や「質」で戦えば、日本人は極めて優秀

リスクについての消極的な議論ばかりではなく、
世界市場においてどのように
付加価値で勝負するかという議論が必要。

環太平洋経済連携協定（ＴＰＰ）への参加をめぐり、激しい論議が起きています。今は「経団連対ＪＡ」に見られるように参加か不参加かの二者択一のような議論が多いのですが、違和感があります。生意気な意見を言わせていただくと、もっと正しい議論を進め、国益とは何かを考える必要があります。

結論から言うと、私はTPPへの参加なくして日本の将来はないし、かといってこのままただ参加しても将来はありえないと考えます。すなわち二者択一はありえないと思うのです。親会社であろうと子会社であろうと、日本国内のすべての産業がグローバル競争に直接・間接的にさらされ、その流れは止められないものです。日本は貿易で成り立つ国であり、資源国ではなく、付加価値で勝負するということは小学校でも習うことです。

TPPというのはこのグローバル化の流れの中で、各国の規制や関税から来るビジネスルールの違いを、1つの土俵、1つのルールでまとめ、自由経済を発展させることが理念です。ただ日本が今のまま参加しても、発展的成功はありません。日本の産業には、国益を生むために世界で勝つ戦略が描かれていないからです。

どんなリスクが生まれるかという消極的な議論ではなく、どのように世界市場で成長を図るかという議論をする必要があります。アメリカは戦略的にルールづくりを進めることに長《た》けています。したがって、日本はもっと攻めの議論を打ち出すべきです。

例えば農業ですが、食の安全保障のため、日本のマーケットだけでのビジネスを担保するように、政府は大変な経済的支援をしています。すなわち政府は変化をしない農家に経済的支援をしてきたわけです。その結果、むしろ若者の農業離れが加速し、衰退する結果に至りました。変化しないビジネスを支援するのではなく、政府はまず世界市場で打ち勝つための戦略を打ち出し、それに対する農家の対応に補助金で支援すべきです。

国内保護策が唯一の食の安全保障であるという考え方もおかしいと思います。もっと国際関係の構築により、食の安全保障を担保するという戦略が打ち出されるべきです。わが国の競争力は独自の付加価値、品質、安全等々価格競争以外の点に機会点があります。

もうひとつ、安い商品が日本に入ってきた時のリスクについての議論もありますが、競争というのは価格だけではありません。海外の安いものが入ってくるので、すべての勝負に負けるというのはあまりにも悲観的です。競争には価格以外に、いかに独自の価値を創出するかの競争があります。独自の価値創出が新しいマーケットをつくるのです。そして品質と安全といったところにもビジネスチャンスがある。これはまさに日本の強みではないでしょうか。

## 外的要因で高まる結束力

日本の戦後復興の時代は終わりました。価格モデルや生産性の時代は終わったのです。勝負は商品の付加価値にあります。最近テレビ番組で見ましたが、アメリカのチーズを輸入し、付加価値を付けた加工品に仕立てて輸出するような成功事例もあるようです。日本の農業技術を駆使すれば、活路は十分に開けると思います。

1つのルールで戦うスポーツ、文化活動の中での最近の日本の若者の活躍がそれを証明するものです。すなわち体力ではなく、知力や質で戦うと、日本人は極めて優秀であるということです。

誤解していただきたくないのですが、私はすべてを悲観的に見つめているわけではありません。日本の歴史を振り返ってみた時、日本人は自ら変革を主導するのではなく、外的要因によって変化を余儀なくされて動くケースが多い。しかし、その変化をスタートさせた際には、大変な結集力をもって困難を乗り越えるという強さがあります。

このことはさまざまな実績が歴史上で証明されています。この世界的な経済モデルの変化をもっと積極的に受け止め、官民が結集することにより、このバブル経済崩壊後の日本経済の発展の機会点とすべきで、建設的な議論をする大きなチャンスであると私は強く感じています。

# 第5章

# 「現場」「現実」に学ぶ

# 実践で学べ

人間関係も社会のルールも仕事も、
すべて身体で覚えてこそ血肉になる。

ビジネスマンとしての私がどのようにつくられてきたのか。生い立ちを振り返りたいと思います。

出身は長崎県佐世保市ですが、まあ荒っぽい土地柄でした。小学校の時、学校に行くと近所の番長が取組表を持っていて、「原田、ちょっと来い。お前、きょうはあいつとやれ」と言って対決をさせ、「お前は番付が上がった」「番付が下がった」「お前は今、何番だ」とやるのです。そのせいで、仲がいい友達と砂場でけんかをしなければいけませんでした。

それだけならまだいいです。負けて帰り、それがおふくろにバレると、ご飯を食べさせてもらえませんでした。子供が負けた時、親は分かるのです。「どうしたの」と聞かれて下を向いていると、

「けんかした？」

「した」

「勝った？」

「負けた」

「連れてきなさい。お母さんの目の前でやり返せ」

と言われていました。「男は負けるな」という考え方がありました。九州は大体そういうところがあるのです。

私なんかおとなしいほうです。むしろ優等生ですよ。戦後だし、九州の荒々しい気風もあるので、隣同士の中学校同士の暴力沙汰とかがよく新聞に載っていましたよ。

小学生時代

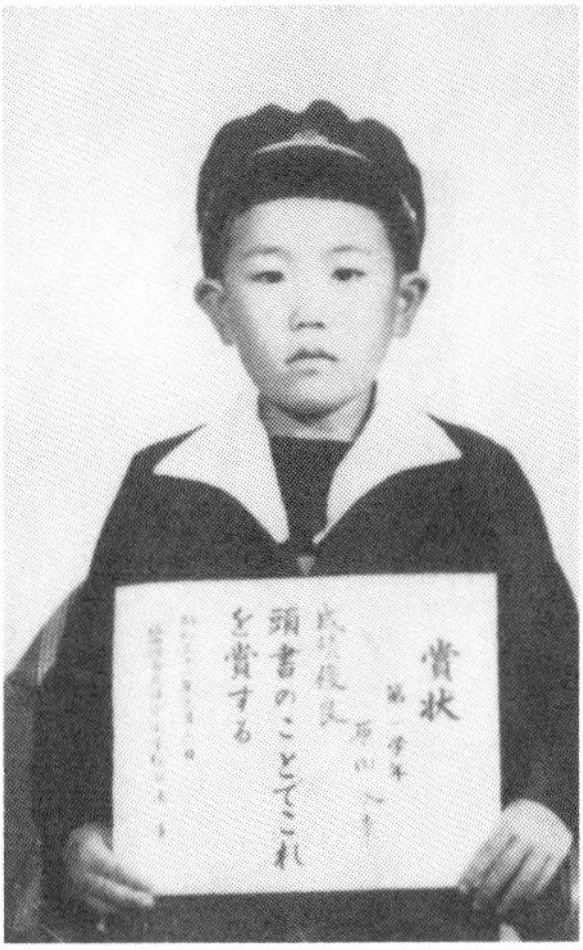

中学生時代（左端が筆者）

運動会というと、毎年ケガ人が出て救急車が来ていました。

うちの息子が小学校に入学した際に、週末に1年生から6年生までの父兄が集まる会がホテルで行われました。息子が行く小学校は、入学するとパートナーリングといって6年生とペアにされて、6年生が1年生の面倒をいろいろ見たり教えたりするそうです。「すごくいい教育効果がありました」とその様子がビデオで流れるわけです。私は女房に、「俺の時代もあったよ。近所のガキが全部教えてくれたから」と言いました。

今は昔と違い、親がそういう環境をつくらなければいけない時代です。昔は、子供だけでそんな環境をつくって、いろんな人との付き合い方のルールや人間関係を教えてくれました。水泳なんて、海に連れて行かれて、桟橋から足の届かない海に投げ込まれて泳ぎを覚えるという時代でした。

## アメリカへのあこがれ、日本への不信感

やはり一番影響を受けたのは、佐世保の米軍基地の文化です。私は1948（昭和

23）年生まれですから、終戦直後です。私の小さい頃は、法定伝染病に3つかかるのはふつうというぐらい、衛生面でも厳しい時代です。ジフテリアだ、百日咳だといってずっと入院生活するぐらいですからね。経済的にも不安定でした。小学校に入っても、靴も買えない、下着のランニング姿1枚で通学する仲間がいっぱいいるわけです。

そういう時代に米軍基地のファミリー住宅に行くと、白い柵や芝生、素晴らしい建物がありました。小さい頃から佐世保のB29の空襲の話なども聞いていたので、子供ながらに、貧富の差やアメリカに対する複雑な思いを抱いていました。

先日も佐世保に帰郷しましたが、小学校の周りもいまだに防空壕だらけですよ。そういうところでずっと育ってきているから、アメリカはリッチで、あこがれのような感情もある一方、憎しみみたいなものもありました。

親戚のおじさんとおばさんが米軍基地に勤めていました。私は、そのおじさんから英語を習いました。小さい時に米軍とふれあうファミリー・デーがあり、米軍の水兵さんが上陸用舟艇で九十九島《くじゅうくしま》に海水浴に連れて行ってくれました。輪投げなどいろいろな遊びをし、チョコレートやキャンディーももらえます。

その生活レベルの差はとても大きかった。うちのおやじも米軍の払い下げ品を扱っている店に行って、私の勉強机を買ってきました。そういう米軍のライフタイルのすごさを目の当たりにし、その印象が深く脳裏に刻まれました。同時に、成長するとともに日本企業の年功序列などアメリカとは違った企業文化が分かりますから、日本企業には絶対に行きたくないと思いました。

日本企業にも面接には行きましたよ。有名ではありませんが、新聞社にも受かりました。すると、総務部長が出てきて、夏休みに新聞配達をやれと言うのです。しかし、「ちょっと待てよ、卒業もしてないのに新聞配達を命令するとは何事だ。この企業はおかしい」と思って断りました。

大学卒業後、外資系企業を志望したのは、アメリカへのあこがれと日本への不信感を覚えたからですかね。それがよかったかどうかは分かりません。ただ、若くして、日本企業ではあり得ない、とんでもなく大きな責任ある仕事をやらせてくれたことは事実です。育ててくれたということははっきり言えるでしょうね。

ただ、あの頃は外資系という言葉は良いイメージを持たれておらず、危ない会社、安定しない会社という含みがありました。もちろん気にしませんでしたが。今ではすべての企業がそれぞれの国籍を持ったグローバル企業の時代です。

# 強烈なプレッシャーの中で、不可能を可能にする

全力を尽くし、「あり得ないこと」を実現させた先に、サプライズは生まれる。

就職した後、日本経済をめぐる環境ががらりと変わりましたから、外資系企業と日本企業、どちらの企業に入っていたほうがよかったかは分かりません。ただ、外資系は仕事に対してものすごく厳しく、ビジネススキルも相当磨かれました。何と言っても仕事のプレッシャーの強さは尋常ではありません。

エンジニアだった20代の頃のことです。こういうものを設計しなさいという開発仕様書を必ず渡されるのですが、理不尽なスケジュールと理不尽なコストで、理不尽なことをやれと書いてあるのです。英語で言うとunrealistic（非現実的な）、infeasible（実行不可能な）です。見た瞬間に、「これはあり得ない。無理です」と言うと、「無理なことをやるのが開発だよ。できることをやるのは開発とは言わない」と始まるのです。

例えば、電源装置の開発です。簡単に言うと、高級シャンパンのボックスがありますね。あの木箱ぐらいの大きさで、重さも十何キロの鉄の塊、値段も原価が2万5000円ぐらいだったと思います。この電源装置は、直列型安定化電源といって、いわゆるもう枯れた技術でした。それをスイッチング・レギュレータという、薄い基盤1枚で実現しろと言うわけです。あり得ません。

しかし、新しい機械の電源用スペースはそれだけしかなく、私ができなければそのプロジェクトは全部お流れなのです。結果的には実現して、特許もとって、ご褒美ももらいましたが、そういう不可能と思われることを散々やらされてきました。

## 真夏のラスベガスでトラブルシューティング

また、どんなに論理的につくったものでも絶対にどこかに論理の穴があります。それを検証していくのが設計評価と品質管理ですが、品質とコストというのは相反します。あまり品質を上げようと考えると、コストがかかったり、動作スピードが落ちたりしますから、どこで妥協するかが鍵になります。しかし、妥協していい部分と妥協してはいけない部分を間違えるとトラブルにつながります。すると、トラブルシュートのためにあらゆる国の現場に行かされます。世界1周処理が終わるまで帰ってくるなと言われるのです。

機械というのは、しょっちゅうトラブルが起こると対応も簡単なのですが、数カ月に1回しか出ないトラブルは逆に原因が分かりにくいのです。そのトラブルを再現することができれば、トラブル対策は終わったようなものですが、現場に行かないと分かりません。

例えば、真夏にアメリカのラスベガスや真冬のヨーロッパに行くわけです。ジーッと機械を見ているのですが、トイレに行ったわずかな隙にトラブルが出たりするのです。思い出深いのが、スーパーやコンビニエンスストアで在庫や売れ筋管理に利用するＰＯＳ（販売時点管理）システムをめぐる日本でのトラブルです。それを解決しないと、神奈川県の大磯にある工場の数千人のラインが全部止まってしまうのです。現に止まりました。

その時のプレッシャーは大変厳しく、マネジメントはパニック状態です。しかし、私が開発したものですから、１人で世界中の現場に行きました。

それは、設計論理回路から起きるエラーではなく、静電気が原因でした。技術革新に伴い、トランジスタからＩＣ、ＩＣからマイクロプロセッサになって、微弱電流で動く時代になると、ちょっとしたノイズの影響を受けるようになります。ＩＴの世界はそういう未知の世界なのです。静電気対策は今では当たり前ですが、当時の電子機器は静電気に泣くという時代でした。

## 27歳で体験した競争の厳しさ

このほか、開発に1年以上かけたバーコードリーダーのプロジェクトでも痛い目にあいました。予定より開発が遅れ、アメリカ本社の重役が新製品を見に来る当日の朝4時にやっと動いたのですが、重役へのプレゼンテーションの前にプチッという音とともに全部壊れてしまったのです。上司を朝4時に電話で起こすと飛んできました。「原田君、動いたの？」と聞くので、「動きました。動いた証拠がちゃんとここにあります」とプリンタや波形などを見せると、上司は「分かった。じゃあ、ご苦労さん。帰って寝ていいよ」とだけ言われました。その上司は、動かない機械をあたかも動くように英語でプレゼンしてプロジェクトを通してくれたのです。一言も怒りませんでしたね。怒ってもしょうがないからでしょう。その上司はたいした人物でした。

その時に、小さい頃に習った一休さんの話を思い出しました。酒を買ってこいと言われた一休さんが、お金をもらって、土瓶を持って酒屋さんに行きました。土瓶にお酒を入れてもらって帰る途中、土瓶を落として割ってしまったのです。しかし、一休さんは言われたとおり、買ったのは事実だからと、振り向きもせずそのままうちに帰ったという話です。

要するに、みんな物事は次を向いて行動しなさいという教えですが、その上司は次にどうするかを考えたわけです。それはプロジェクトを通すことです。私が言ったことを信じて通してくれました。部下が全力を尽くした結果ですから、怒ったりはしませんでした。結果が悪かっただけです。私も人をあまり怒りません。そこに至るまでの努力を惜しむとか、さぼった人には怒ります。

ビジネスの世界は成果主義と言っても、やはり姿勢は大事ですよ。27歳ぐらいの時に、ある製品についてアメリカ本社のエンジニアと私がつくった試作品のどちらを採用するかというコンペがあり、1人でアメリカをはじめ海外に行かされました。英語なんか満足に話せませんでしたが、一生懸命説明して、私がコンペに勝ちました。数週間一緒にコンペをやった本社のエンジニアには、自宅にまで呼ばれて仲良くなりました。ところが、私の試作品が採用となったら、彼は次の日から会社を解雇され、来なくなりました。アメリカの競争社会の厳しさを目の当たりにしました。

ただ、本人も解雇されたことに悲壮感はありません。「俺、プロジェクトに負けたよ。次の仕事を探すよ」とニコニコしているのです。結果は結果であって、全人格を否定されたわけではありません。文化の違いと言ってしまえばそうなのでしょうが、ある意味、合理的です。

# 完成品より「未完成品」のほうが面白い

人間、先が見えたらつまらない。
損得を超えた情熱を持ち、
仕事も遊びも楽しみつくせ。

最初の勤務先だった企業は日本NCRでした。日本金銭登録機とNCRの合弁から始まった企業なのです。日本企業のものすごく古い体質とアメリカ発祥のNCRの融合でした。職場も、酒を持って盆暮れに上司の家に行ってごちそうになることは普通でした。後に就職した横河ヒューレット・パッカード（当時、YHP）もアメリカ企業のHPと横河電機の合弁会社で、日本企業の文化が根付いていました。

考えてみたら、私の若い時代というのは、日本の文化と外資の文化の融合した会社ばかりに身を置いていました。純粋な米国企業はアップルだけです。そうした経験から、やはり日米双方の違いを感じ、橋渡しをする思考が身についたような気がします。

やがて日本NCRは、日本での開発部門を閉鎖することになりました。そこで、誘われて横河HPに転職しました。ところが、横河HPは完成された会社でしたから、私にとっては面白くありません。1年、3年、5年、10年たって自分がどうなるかというのが見えているからです。

人間、先が見えたら面白くないでしょう。よくできた会社ですが、レールの上を走るのは性に合いません。新しいレールを敷くような仕事がやりたかったのです。日本NCRを辞めたのは会社の事情で、私の意思ではありませんでしたが、横河HPには初めて自分で辞表を出しました。

その後、フランスに本社を持ち、石油探査を手掛けるシュルンベルジェに転職しました。これまで経験した会社の中で、一番安定して一番大きい企業だと思います。石油の埋蔵量を解析する企業ですから、一般の人は知りません。8年間勤めた後、外的

日本NCR時代。エンジニアとしての礎を築いた

経営について学んだシュルンベルジェグループ時代

要因で退職しました。

シュルンベルジェを退職後、インテルからオファーが来ました。丸の内の本社で入社契約書にサインまでしました。ところが、最終的に米アップルを選択し、インテルの社長のところに行って頭を下げました。

もちろん契約から見たらルール違反ですが、インテルはトップシェアを持ち、どう考えてもできあがっている会社です。一方アップルは、ジーンズをはき、ひげを生やした社員が目立つようなニッチマーケットの企業でした。商品も非常にユニークであり、日本法人もまた、とんでもない変な人たちの集団と聞いていました。売り上げも、当時125億円しかありませんでしたが、アップルのほうに魅力を感じました。それが41歳の時です。ビジネスの安定性というよりも、自分のやりがいを選んだ結果です。

## ジャネット・ジャクソンと日本ツアーの契約

1990年7月に入社してまもなく、面白い仕事が降ってきました。8月にはロサンゼルスのユニバーサルスタジオに行って、キング・オブ・ポップスこと、故マイケル・ジャクソンの妹であるジャネット・ジャクソンのマネジャーとライブツアーの契約をしたのです。

なぜジャネット・ジャクソンのコンサートをやろうと思ったかというと、プロしかまだ使っていない商品を一般に広めるためには、まずは認知度を高めようと考えたからです。アップルはニッチマーケットで、商品はマニアしか知りませんでした。そこに、ジャネット・ジャクソンの話があり、日本のライブツアー6カ所のスポンサー契約に行ったのです。

アメリカ本社のマーケティングの責任者と2人でロサンゼルスへ向かい、弁護士やマネジャーと会って、ジャネット・ジャクソンにも面会しました。そして、日本のライブツアーを10月から始めたのです。

ジャネットと面会の時、対談インタビューをしました。ビデオカメラが回っている時に、ジャネット・ジャクソンに日本からのお土産ですと言って、当時のマッキントッシュ・ポータブルを渡しました。すると、ジャネットが受け取って「オー、ヘビー」と驚きの声を上げました。ジャネットが簡単に持てないぐらい重かったのです。

そのやりとりがきっかけで、アップルが軽量のノートブックを出す必要性を感じ、「パワーブック１００」が生まれたのです。

それで、１９９０年10月の新商品発表会では、「マッキントッシュ・クラシック」といって、史上初めて1台20万円を切る商品が登場しました。19万８０００円です。これで爆発的に売れました。１９９０〜１９９１年と売り上げも台数も倍々ゲームで、その勢いは１９９５年まで続きました。同年に私はハーバードＡＭＰに行かせてもらい、１９９６年にそのままアップルの本社で仕事をすることになりました。

## ｉＰｏｄやｉＰａｄを生む土壌

ジャネット・ジャクソンのコンサートを担当した後、フジサンケイグループとＩＤＧというイベント会社から、日本でも「マックワールド」を開催できないかという提案を受けました。マックワールドとはアメリカ、ヨーロッパではすでに始まっていたイベントで、アップルの周辺機器、ソフトウェア、マッキントッシュ関連の出版社や販売店が一同に集まるイベントです。

ところが日本では、イベント会社が熱心に開催を提案していましたが、アップルの日本法人には、誰も「開催しよう」とリーダーシップをとる人間がいませんでした。私は、このイベントがアップルの日本市場の拡大につながると確信し、1回目のミーティングで開催を即断しました。「善は急げ」です。マクドナルド入社後に出来立てのハンバーガーを提供するためのメイド・フォー・ユーというシステムを知り、その場で全店に導入しようと決めた2004年と同じ即断です。そうして日本での開催が実現したマックワールドは、11年間続けました。

アップルは、「誰もやったことのないことをやろう」というパッションに満ちた会社です。1992年、1993年に日本女子プロゴルフ選手権のスポンサーになった時のことです。マッキントッシュにテレビチューナーを搭載し、〝将来のデジタルテレビ〟と称して、マウスで自分が見たいホールを選んだり、メニューで選手のプロフィールを検索したりできる双方向のデジタルテレビ放送を実験しました。

また、世間でインターネットという言葉がまだ知られていない時代に、ネットを使って、ロンドンのロックミュージシャンであるピーター・ガブリエルとロサンゼルスのジャズ・ミュージシャンであるハービー・ハンコック、日本のミュージシャンで元カシオペアの向谷実の3人がネット上でコラボレーションし、新しい曲をつくる様子を生中継したこともあります。

しかも、その内容をまとめ、マッキントッシュのデスクトップパブリッシングという機能を使って新聞広告をつくり、次の日の朝刊に全面広告を載せたのです。さらにその制作過程をテレビ番組でも放送しました。これは広告代理店からの提案ではなく、我々が考えて、広告代理店が実施したのです。

双方向のデジタルテレビ放送を実現するには、人工衛星を借りなければならず、周囲からも無理だと言われました。インターネットのライブイベントも「とんでもない」「できるわけがない」と言われましたが、実現させました。非常識は常識にできるのです。

一方、それらのイベントが翌日の売り上げにつながったかというと、全くつながってはいません。しかし、それは問題ではありません。狙いは「イノベーション」というアップルの企業のDNAを刺激し、アイデンティティを再確認することだったからです。目先にとらわれず、とにかく世間をあっと言わせようとするDNAによって、iMacやiPodやiPadを生む土壌が醸成されるのです。

よく言われることですが、アップルのエンジニアが辞めて競合他社にいっても、アップル以上の新しい商品を出せません。一方、アップルに他社から新しいエンジニアが入ってくると、今まで以上にイノベーティブな仕事をします。

商品開発力はエンジニアの技術力とイコールではありません。どんなコーポレート・カルチャーの中で、どんな空気を吸い、その企業のDNAに刺激されるかどうかで、新しいものを生み出せるかが決まるのです。アップル時代には、そんなエネルギーに満ちた中で社長としてリーダーシップをとりました。

# 第6章
# 戦略とリーダー

# 戦略には、正解も不正解もない

改革のリーダーは、「組織の空気を変える意思」を示せ。
スピード感を持って決断することが肝心。

私がアップルの日本法人から日本マクドナルドへと新天地を決めた時、「マックからマックへ」と大きな話題となりました。両社とも一般消費者の間で知名度が高く、「経営者が流動化する時代の幕開け」とも騒がれました。

14年間在籍したアップルを辞めたのは、自分なりに人生に区切りをつけたかったからです。ＩＴ業界はこの間、急速な技術の進歩と成長の時代でした。新商品情報が流

アメリカ本社の副社長を兼務していたアップル時代

れると、既存商品はすぐに買い控えが起こります。ある国で値段をちょっと変えると、ほかの国で買い控えが起きます。すべてが世界同時発表、同時価格変更でないと機能しない構造なのです。だんだんとビジネスモデルが変わっていくと同時に、マネジメントもボーダーレスですから、各国の社長のバリューも変化してくるのです。

アップルを辞める時に、「一生のうちあと1回違うことをしたいと思いました」という言い方をしましたが、本音は自分の存在意義に疑問を持ったからです。現在のアップルのCEOであるティム・クックが来日した際、私が成田まで車で送っていく道中、「誰も私に辞めろとは言わないけど、どうもビジネスモデルの流れがそろそろ辞めたほうがいいぞと言っているような気がする」と話しました。そして、「辞めてもいいですか」と伝えました。するとクックは、「お前の言うことは分かる」と言いました。これが２００３年の10月の話です。

そして、年が明けた1月ぐらいに、新聞の1面で「日本マクドナルド社長に原田氏」という形ですっぱ抜かれたのです。あれはマクドナルドの誰かが外に漏らしたようです。

## 送別会でビッグマックをはずす

アップルの社員が開いてくれた送別会は内輪でやりましたけど、アップルの対外的な送別会は、全員1万円の会費制で、新聞記者なども呼びました。それまでアップルでは、毎年社長が1年以内に交代していましたが、私は過去最長の7年間、社長を務めました。アップルの上司だったティム・クックと、マクドナルドの上司になるパット・O・ドナヒューの両方を呼んで、ステージで送る側・受ける側でスピーチをしてもらいました。社員にも、「俺は、マクドナルドに行くぞ」と堂々と言いました。

その場でいろいろな人から、「フライドポテトはいかがですか?」とか、随分茶化されましたが、社員がやってくれた送別会は面白かったです。社員が商品のブラインドテストとして、ケンタッキーフライドチキンのチキンサンド、モスバーガーなど、マクドナルドの主力商品の「ビッグマック」に似たような商品を買ってきました。そして、どれがビッグマックなのかを当てるのです。

私も含め5人ぐらいで挑戦しましたが、私が答えたものは、ケンタッキーフライドチキンのチキンサンドでした。最悪の答えですね。「社長、頑張ってくれ」とからかわれました。

アップルの社員はみんな、「うちの会社の社長がマクドナルドの社長になるということは、社員にとっても誇りに思う」と言ってくれました。違う業界で、アップルの日本法人より売り上げの高いところに行くというのは私が初めてでした。

マクドナルドには、ヘッドハンティング会社を通じて招かれました。入社が決まり、アメリカで研修を受けたのですが、思ったより具体的な指示は少なかったです。「とにかくブランドを立て直してほしい」ということを言われました。

さて、2004年2月にマクドナルドに入り、次の月には全国の組織をがらりと変えました。あれには、みんなびっくりしたでしょうね。社員の顔も知らないうちに組織を変えたのですから。

とにかくスピードを優先しました。戦略も組織もどれが正しくて、どれが間違いというのはありません。どれを信じて選択するかという話でしょう。野球と同じように、どんな素晴らしいピッチャーでも流れが変わったら交代しなければいけません。会社の改革では、まずリーダーシップを持って、会社の空気を変える意思や情熱を示すことが重要です。

アップルの日本法人社長就任の1997年の時も同じことを行いました。その時は、それまでに改革の下地をつくっておいて、10カ月ぐらいたってから全執行役員を1日で入れ替えました。

返り血を浴びるのは当たり前です。本に書けないような内容ばかりですよ。でも、私は攻撃されたら逆に燃えるほうです。変な脅しの手紙などが来たら、「よしやってやろう」という気になります。

# リスクは避けるな、乗り越えろ

後ろ向きの組織を前向きに変えるには、
反対を押し切る勇気も必要。

マクドナルドの事業改革には、店舗を運営するフランチャイズ・オーナーとの一体感が欠かせません。一緒に変わりましょうと随分議論しました。しかし、3年ぐらいたってもどうしても変わらないオーナーもいました。逆に抵抗勢力になって、見えないところで足を引っ張る動きも出てきましたが、そういう動きが明らかになったところは、ばっさりと契約を解除しました。すべてのオーナーを集め、1人ずつ話し合いの場を持ちました。

「今まで、誰がどういうことをやっていたかということは大体知っています。一緒に変わりましょうと皆さんに訴え続けてきましたが、改めて考えてほしい。オーナーの皆さんと我々の共通の使命はブランドを守り、それを発展させることです。どうも一部にそうではない行動が見受けられます。マスコミに噂を流したり、会社の誹謗中傷をしたりする方々には、撤退をお願いしなければなりません。それが、前向きに改革に取り組むオーナーさんから求められている私の責任だと思います」

そう話したのです。そこからスーッと反対派は消え去りました。

それにしてもアップルの時よりも、マクドナルドに移ってからはここまで注目を受けるのかというぐらい、マスコミの注目度が高いですね。10円値段を変えたり、業績をちょっと見直したりすると、想像を超えた厳しい目があります。ですから、近所もゲタ履きで気楽に歩けなくなってしまいますね。

アップル時代ほどではないにしても、マクドナルドでも改革には苦労しました。FCだけではなく、後ろ向きだった組織を前向きに変えるのに時間がかかりました。2

005年に100円マック（バリュー戦略）を導入した時は、みんなに反対されました。

私が2004年2月に入社して、同年12月に仙台で100円マックのテスト販売をさせた時のことです。マーケティング担当を連れて仙台駅まで見に行くと、駅の構内に小さな店があったのですが、普通はMマークの看板がこちらから見えなくてはいけないのに、向こうを向いているのです。お客様を呼びこむためにあるマークが、店の前まで行かないと見えません。そんなところから議論しました。

担当者に「100円マックの露出がお店の前に1カ所しかないのはなぜか」と聞くと、「今までの基準の中で、どう売れるかをテストしています」と答えたので、「今まで通りのことをして、違う効果なんか出ないぞ」と言いました。

## 社員をあぜんとさせた決断

やがて仙台などでの100円マックのテスト結果が出てきました。その報告会議でのことです。企画担当者が「150円だと客数は全く変わりませんでしたが、100

円だと猛烈に客数が上がりました。ただ、100円にすると収益性が悪化するという根本的問題があります。従って、100円マックは発売しないほうがいいと思います」と説明したのです。これは、頭の構造が普通の人が言うことです。私はそれに対して、「150円では客数が増えず、100円では客数が増える。だけど、高いものを買うのではなく、安いものを寄せ集めて買おうという行動が起こる。すなわち、100円マックで客数を上げて、収益性を上げることをしない限り、うちの将来はないということが実験の結果で言えることだな。じゃあ、100円マックを発売しよう」と言いました。

みんな、あぜんとしていました。マーケティング担当を含め、社員は一様に「2001年の値下げ・値上げが繰り返された時も、いろいろな問題がありました」と言います。ですが私は、「それを全部乗り越えていく。最低6カ月かかるし、最初は必ず客単価が下がり、収益性も下がるのは分かっている。しかし、1年かけて客数を上げ、客単価を回復させるという政策に私たちが投資していかない限り、うちの将来は絶対ないから、100円マックを発売する」と強行しました。それでも、反対者が続出し

日本マクドナルドの客数・客単価・既存店売上高の前年同月比

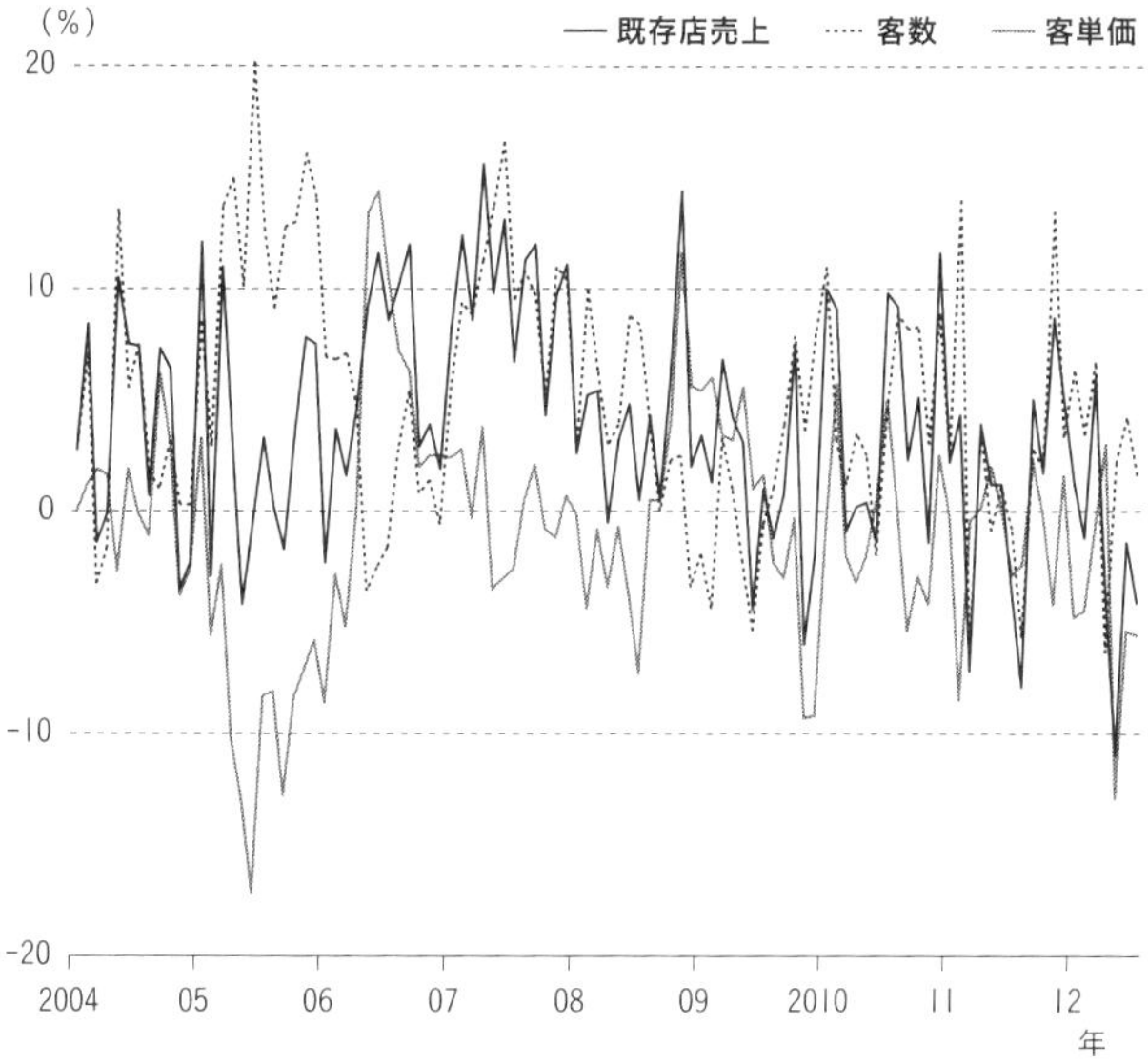

ました。

タイミングが悪く、2005年6月に業績予想の下方修正を発表しました。「100円マックで業績不振」と書かれましたが、下方修正の原因は、過去の残業不払い問題で30億円を2年間さかのぼって払ったことと、減損会計の適用で数十億円単位の欠損を出したことがあったからです。いわゆる、負の遺産をそこで整理したのです。2回ぐらい立て続けに業績予想の下方修正を出したので、「上場廃止すべきでは？」との声も一部の記者から上がりました。

このバリュー戦略は、発売開始から10カ月をすぎたあたりから社員もFCオーナーも理解できるほど成果が明らかになりました。この成果がなかったら、今日の成功はなかったでしょう。

# できない理由より、ビジネスチャンスを議論しろ

目先の問題を理由に挑戦をあきらめてはいけない。
やりきる力があれば、リスクはチャンスに変わる。

長期的には戦略に自信を持っていましたが、実は不安もありました。１００円マックを起点に、売り上げと収益が回復する「フェーズ１・２・３」というビジョンを対外的に示した時のことです。顧客基盤をつくり、２００５年10月に「えびフィレオ」を発表するなど、高付加価値商品に誘導していくシナリオでした。

今だから話せますが、100円マックを始めた頃は、そんなフェーズ1・2・3なんて戦略を詳細にはつくっていませんでした。客数は上がるが、絶対客単価が落ちるので、なんとか少しずつ収益を戻すということを段階的にせざるを得ないなと思ったぐらいです。具体的に何をいつ発売するかは決まっていなかったのです。戦略がないと言ったら、それこそ記者から叩かれますからね。

そして、いまだに忘れられないのは2005年の8月5日です。えびフィレオを開発して早く発売するように社員に言うと、「テスト販売をして、どれぐらい売れるかを検証しないと、サプライチェーンで素材の過不足が起こります。廃棄も増えて、財務負担が重くなるなどいろいろなリスクが生じます。今年出すのは無理で、来年になります」とみんなが言うのです。

しかし、「テストをしないで発売するリスクと、テストをして今年発売しないリスクと、どちらが大きいと思うか？　後者のほうが大きい。だから、サプライチェーンのリスクがあっても今年発売しろ」と私は言いました。そして、2カ月後の10月に発売したら見事に売れました。年が明けてレギュラーメニューにもなったくらいです。

あの年だけを見たら、100円マックは実行しないほうがよかったかもしれません。しかし、今から考えたら、あの年に100円マックを発売していなかったら、8年連続の既存店売り上げ増なんて絶対にあり得なかったでしょう。

## 役員がみんな反対したメイド・フォー・ユー

出来立てのハンバーガーを出すメイド・フォー・ユーの導入も改革の1つです。2004年6月に「マックグラン」という商品の発表会をしました。その後、追加発売されたトマト入りのメニューがまったくおいしくなくて、がっかりしました。そこで、アメリカにはメイド・フォー・ユーというお客様に注文をいただいてからつくり始めるシステムがあり、それがトマト入りのメニューに欠かせないものであることを聞き、年末までに全店に入れることを実現しました。おいしい商品を提供するための基盤づくりです。

あの時は、日本人役員はみんな反対していて、誰も日本に入れようとは言っていませんでした。日本人はみんな、問題点しか言いません。ビジネスを拡大する機会点なんて誰も議論しませんでした。そこで、とにかく、年末までに全店舗にメイド・フォー・ユーを入れろと号令をかけたら、ようやく動き始めました。

それでも、10月ぐらいに全店舗に導入できるかを確認すると、「無理です」と言います。理由を聞くと、「インストレーション（設置）する機器メーカーの技術社員が足りないからです」とのこと。「俺、社長を知っているから明日行って来るよ」と言うと、担当者が慌てて「ちょっと待ってください」と言い出し、次の日には「できます」と言うのです。本当にすべてができない理由ばかりを言う文化でした。

24時間営業も最初は無理だという議論に終始していました。ところが、トップが明確な方向を打ち出すと、メイド・フォー・ユー・システム、１００円マック、24時間営業すべてを猛烈な勢いで実行する力が出てくるのがわが社の強みであり、結果が出て初めて、無理と思った戦略も可能だということを、全社員が体験したのです。

# 第7章
# スティーブ・ジョブズの教え

# トップが哲学を貫けば、タフな改革も成功する

自社が本当になすべきことは何か。
原点に戻って、追求することで
ブランドも強くなる。

２０１１年10月にアップルの創業者、スティーブ・ジョブズが亡くなりました。世界的な損失であるのは言うまでもありませんが、私個人にとっても大切な人を失いました。

ジョブズが亡くなって間もない頃、私は発言を控えました。正直なところ、ジョブ

ズに会ったこともない人たちが勝手に語ることに違和感を覚えましたし、同類と思われることに抵抗があったからです。

しかし、あれから1年たちました。偉大な人物の一端をお話しすることは、仕事をともにした人間として意義があると感じました。私の見たジョブズを少しお話ししようと思います。

ジョブズを語るためには1997年にさかのぼる必要があります。私は同年4月にアップル副社長からアップルジャパンの社長として日本に戻ってきました。その時、アップルの業績はどん底でした。東京都内で開いた社長就任会見で、私はこうぶち上げました。

「アップルの業績不振は決して外的要因ではありません。『ウィンドウズ95』にやられたとか、そんな論評がたくさんありますが、そうではありません。不振の理由の1つ目は、アップルらしさを忘れたことです。2つ目は、経営資源の戦略的配分を間違えたことです。すべてのマーケット、すべての国で、すべてのマーケット・セグメントで、すべての商品開発をしようとしました。従って、この2つを改善することで、必ず業績を回復します」

その時は、自ら創業したアップルを追放されたスティーブ・ジョブズが再び戻ってくるなんて微塵も思っていませんでした。ジョブズが暫定ＣＥＯとして、アップルの事実上のトップに返り咲いたのはその年の７月です。そこからジョブズと私のつきあいが始まりました。

## パソコンを必要とする人に売らない

いまでも覚えているのは、その年の８月にアメリカの本社へ出向き、２人でホワイトボードを使いながら、「今後のコンピュータというのはこうあるべきだよね」「こうしよう」などと経営戦略の議論をしたことです。そして、１年後の１９９８年の８月28日に、当時話題になった新型パソコン「ｉＭａｃ」を発表したわけです。

ｉＭａｃの魅力はなんと言ってもあの印象的なデザインです。ですから、「パソコンを必要とする人には売らない」という戦略をとり、パソコンに縁がない人をターゲットとしたのです。パソコンを必要とする人に売ろうとしたら、ウィンドウズと真っ向から対抗することになります。

値段が手ごろで、かわいくて、すぐに使える、この3つをコンセプトに生まれたのがiMacです。その前のギルバート・アメリオがCEOの時代に、私は本社の議論に随分参加していましたが、そういう議論はひとかけらも出ませんでした。やはり、ブランドというのは1人のカリスマが中心になって、徹底的にその価値の一貫性を追求しなければなりません。

ちなみにアップルらしさとは、「無形の価値」です。英語で言うと、“ease of use”(使い方が簡単)。1995年までは、マッキントッシュも“ease of use”で通りました。しかし、ウィンドウズが登場し、多くの人々が日常的にパソコンを使うようになった後は、1歩先を行く操作性、したいことが簡単にできるという“ease of doing”を打ち出すべきです。

それなのに、アプリケーション・ソフトウェアが何本無料でプリインストールされているかとか、値段がいくらかというような競争で、アップルが自ら真っ向からウィンドウズと競合し、アップルらしさを忘れ、ダメになったのです。そうした時にジョブズが復帰し、アップルが何をなす企業なのかという原点に戻っていったわけです。

## ジョブズはまず否定から始める

もちろん、ジョブズは一筋縄ではいかない人物でした。何か意見をすると、必ず"I don't think so."（俺はそう思わないよ）と言います。"Oh really? it's a great idea."（へぇ、それはすばらしい考えだ）なんて絶対に言いません。まず否定から始まるのです。何か言っても必ずその答えですね。

ただ、後で分かることは「なんだ、あの時ちゃんと聞いていたのか」ということです。そんな例がいっぱいあります。例えば、私は「ｉＰｏｄにビデオを入れろ」と言ったことがあります。「アップルのロゴが付いた電話機が開発できると売れるよ」とも言いましたよ。ジョブズは、その場では全部否定しましたが、後にすべてやっていますからね。

そんな性格なので、組織で「お前はこういう役割」「こういう責任を持って仕事をしろ」とか、きちんと決めるタイプではないです。自分の気に入った人と好きなことをしゃべるだけです。

私が定期的に本社へ行くと、しょっちゅうジョブズに呼ばれました。通路で私の顔を見かけると、「お、ちょっと来い」と言って、自分の部屋につれていき、いろいろなテーマについて話したり、試作品を見せたり、自由に振る舞っていました。それなりの信頼関係で結ばれていたので、私も日本での販売改革の時に大なたを振るうことができました。これは本当にジョブズのおかげです。

## 抵抗勢力との戦いだった販売改革

日本での販売改革について簡単に背景を説明しますと、昔のアップルというのは、キヤノングループのキヤノン販売（現キヤノンマーケティングジャパン）が総代理店でした。彼らがアップルの日本でのマーケットをつくったわけです。

ただ、アップルの日本法人ができて状況が変わりました。キヤノン販売以外に丸紅グループやダイワボウ情報システム、加賀電子など一次卸が40社ぐらいになったのです。そして、二次卸店が３０００店舗ぐらいにまで増えました。当時の日本法人の社長が、リベート（販売奨励金）で店舗数を増やせば商品がたくさん売れると考えていたからです。

しかし、これだけ取引先が多いと、価格やブランド戦略の面でなかなかコントロールができません。そこで、私は社長就任をきっかけに、全体の一次卸、二次卸のマージンを4分の1にしたのです。4分の1ですよ。そして一次卸40社を4社に絞り、二次卸3000店舗を100店舗に絞るという改革をやったのです。

ただ、簡単に既存の取引先との契約を打ち切ることができません。そこで、新たに投入するiMacの販売店契約をゼロから始めるという手法で、絞り込みを進めることにしたのです。

まず、「島村楽器をiMac販売店の第一号にします」という発表会をやりました。なぜ島村楽器だったのか。当時のメディアも「なんで楽器店がコンピュータを売るの？」とピンとこないわけです。「いや、iMacというのは今までのマックと違うのです」と返答しました。

そして、戦略の話をして、「iMacの販売店はゼロからつくります。100店舗あたりを目指します」と公表したのです。するとミステリアスな感じも奏効して、iMacが売れるというムードが出てきました。もちろん既存のアップル販売店は「なんでうちに売らせないのか」と不満を漏らします。

そこで条件を付けました。各店舗のPOSシステムをアップルの社内コンピュータに連動させて、リアルタイムでどんな機種の何色が何個売れたということをオンラインで示すこと、過剰な在庫を持たないように売れた数だけアップルが補充すること、などです。そして、教育を受けた最低3人以上の販売店社員を専属で店舗に付けてくださいという条件をつけました。技術に通じた人間が営業をサポートするプリセールスに力を入れるということですね。

商品の展示の仕方も我々が指示しましたし、間違っても、うちの商品の売り場に「安い」「ディスカウント」などと書かないでくださいといったこともお願いしました。そうして、販売店を1社ずつつくっていったのです。この改革は既得権を振りかざす抵抗勢力との戦いであり、凄まじいものでした。

マージンを減らすことに対し、とある販売店は「4分の1に減らすなんてとんでもない」とすごく騒ぎました。過去にそういう改革をやろうとした時も、その販売店役員がアップルの本社に行って、日本の社長を攻撃して解雇するように動いたことがありました。しかし、それをもうさせないように、私はジョブズときちんとフォーメーションを組んでいたのです。

今回も「もう一度本社と直接交渉させてください」と言うので、「じゃあ、一緒に行きましょうか」と言って、販売店役員を連れて本社へ行きました。

販売店役員がジョブズに向かって、「日本のマーケットは我々がつくってきました。原田さんがこんなふうにマージンを減らすと言っているけれども、うちは1ポイントでも下げられると撤退せざるを得ない」と直訴したわけです。それに対し、ジョブズは「マーケットをつくってくれたことには大変感謝しています。けれども、その分はもう払いましたよね」と言い放ちました。筋書き通りでした。ただ、改革を進めるなかでは返り血も相当浴びました。

しかし、その後は、その販売店とは逆に良好な関係になりました。同社のトップが「原田さんのあの時の改革がなかったら、今の秋葉原の商売は成り立っていない」とお礼に来られたこともあります。

## スペック、値段を一切発表しない戦略

iＭａｃの販売に合わせて、生産・物流体制や価格政策も見直しました。オープンプライスに変更したほか、日本の工場も全部閉鎖し、中国の工場から販売店に直接、あるいはお客様の自宅に直接納入するモデルまでつくりました。

そうしてムダなコストを全部投資に使うこと、お客様への販売サポート業務に集中することを徹底したのです。それをやっていなかったら、iＭａｃの商品力だけでは売れていなかったはずです。アップルストアだってその時に初めて実現したのですからね。どこにお金を使うかということを徹底して考えました。

販売店にリベートを渡しても、お互いの横同士の価格競争、ポイント競争で消耗戦をやっているわけですよ。そういうやり方で業績不振になって、リストラをするような無責任な経営はいけませんよね。

ちなみにiＭａｃの発売には、ひと工夫加えました。発売開始日の３カ月前に当た

る5月に商品の概要だけを見せ、機能もスペックも一切発表しませんでした。発売日まで商品の実物を見せず、その間に消費者の期待を高めたわけです。

新聞社やメディアは、「原田さん、値段はいくらですか」と聞いてくるわけですが、私は「いやあ、なんとか20万円を切りたいですね」とだけ答えました。すると、みんなは19万8000円ぐらいと想像しますよね。ところが、最初から17万8000円と決めており、みんなはさらに驚くことになるわけです。

島村楽器の件も含め、同じ商品を売るにしても事前の期待値づくりの戦略で、需要は大きく変わります。このようにして、ブランド価値を重視するジョブズの哲学に沿った日本での改革は成功しました。

# 経験や予測を超えて、思い切り自由に考える

現状に満足せず、世界の度肝を抜こうという情熱とあきらめない気持ちを持て。

ジョブズから学んだことは、ほかにもたくさんあります。あれほどビジネスに熱心な人はいないですね。それと絶対にギブアップしません。製品がいったんできあがっても、それでよしとしません。人の今までの経験値とか予測値を超えるものを必ずつくるという情熱はすごくて、食事をしていても一時期はずっとｉＴｕｎｅｓの話しか

しませんでした。

それから「パワーブック」がありました。今の薄いノートブックもサンドブラストと言って、表面がつや消しになっていますよね。サンドブラストというのは、砂をブワーッと高速で吹きかけて、金属表面にぶち当てる技術です。それを使うとああいうザラザラの質感になるのです。大阪にある町工場のおやじさんの会社がやっているのですが、ジョブズは、そうした日本にだけ息づく特殊な技術を自分のスタッフにわざわざ探させるほどこだわるわけです。

ただ、町工場だから生産能力が足りません。私は「20時間、3交代でやってくださ い」と菓子折りを持ってお願いに伺ったのですが、「なんでお前に20時間やれと言われなきゃいけないんだ」と言われましてね。そういう厳しい職人気質の人たちも相手に仕事をしていました。

ジョブズは、常に世界のそういう技術をよく見ています。例えば、販売店での商品展示1つとっても、どうやって置くのか、細かく自分でこだわります。アップルストアの展示も同じです。アップルストアのエレベーターの音が出ないということも、アップルの世界共通の哲学ですね。アップルストアの階段をガラス張りにするということも同じです。すべて彼のＤＮＡなわけです。

いつも仕事の話ばかりで、家族の話など聞いたことがありません。天才というのは本当に無邪気です。ある日、本社にいる時に、どこか一室につれて行かれたのですが、「いっぱいデザインを考えたよ」「これいいだろう」と言ってｉＭａｃの試作品を自慢げに見せるのですよ。日本人が見たらカーテンのデザインにしか見えないような、見たら笑っちゃうような変なやつもありました。しかし、それは売れないのではないかと伝えると、「あ、そう。じゃ、ダメか」と、意外と素直に人の意見を聞き入れる一面もありました。

それでも、やめろと言った水玉デザインの商品を発売したこともありました。やってみたいのですね。そんな感じですから、アップルが発売した商品は、成功した数よりも成功しなかった数のほうがものすごく多いんですよ。それぐらい、彼はたくさんチャレンジしたということです。

## お金を持っても創造力が衰えないジョブズ

余談ですが、うちの子供に毎日日記をつけろと言いました。日記をつけたらマル1個。10個たまったら100円というルールです。特別ルールもあり、私に言われないで書いたらマル2個というものです。そうしたら、うちの子供が、「パパが帰ってくる前に書いていたらマルを3個にして」と言い出し、「いいよ」と答えたら、次はこうです。「明日の日記を書いたらマル5個にして」。笑ってしまいますね。

話が逸れましたが、子供のように、自分が信じることを何の制限も受けずに行動するのがジョブズです。お金に困っていないので、気を使うことが何もないのです。自分が思った通りに実現させるということは、縛りのない立場で初めてできることです。うらやましいほど自由です。

ですから、世の中ではみんなが思う常識とかルールというものに、ジョブズは逆らっているように見られていますが、原点は自由ということです。お金を手にして「創造力停止」するのではなく、お金を手にして脳が活性化したのがスティーブ・ジョブズだと思います。

それからこんなエピソードがあります。ジョブズというのは相当カリスマ性がありますから、彼に対して周囲は自由に物を言わなくなってしまうわけです。私はある日、ジョブズに「アップルの強いところは何だか知っているか」と聞きました。「なんだ?」と言うから、「それはスティーブ・ジョブズ、あなただ」と答えました。今度は「弱点を知っているか?」と聞くと、「なんだ?」と返します。そこでも「スティーブ・ジョブズ、あなただよ」と言ったのです。

「どういう意味だ?」と言うので、「本社から日本にいろいろな決定事項が来る時に、理由を聞くと、必ず返ってくる答えは、"Steve Jobs said."なんだ。『ジョブズがそう言ったからだ』と。それが決定理由の説明なのですよ」とはっきり伝えました。そうしたら、彼はハッとしたみたいでした。

ある時、百数十人ぐらいいる米本社の会議で、私は手を挙げてこう発言しました。「ジョブズ、あなたの決定で、全世界の広告宣伝のメディアについて、新聞をやめて全部ラジオに集中しろという命令が出たと聞いたけれども、日本では絶対にそれでは効果が出ない。日本人のビジネスマンのライフスタイルは全く違う。車通勤はそんなに多くないし、新聞に広告を出さないと絶対に効果はない」

会場の空気が凍り付きました。しかし、ジョブズは「あ、そう。じゃあ、日本だけ例外でいいよ」とあっさりOKサインを出したのです。みんなは「ええ!?」という感じですよ。相手がジョブズであったとしても、やはりきちんと言わないと間違いが起きます。

# ルールを変え、新しいビジネスモデルをつくれ

蚊のような小さな存在でも、世界をひっくり返せる。
人も企業も、大きくなって、
変化できなくなった時が終わり。

アップルというのは昔から“Apple always influence, but never win.”（アップルは影響力は常にあるが、勝者にはなれない）と言われていたのです。ＩＢＭという大きな象の足にまとわりつくいわば蚊のような存在でした。チクチクと影響も与えます。１９８４に生まれたマッキントッシュというのは、そういう時代の幕開けを象徴

していたのです。

このアップルに対して、ウィンドウズでシェアをとったビル・ゲイツは、新しいルールをつくってビジネスを拡大するわけです。

アップルは、物をつくる力はやはり強いですが、ビジネスというゲームのルールを全く考えずに無邪気に物をつくっていたわけです。そのエネルギーは凄まじいものがありますが、ビジネスとしてはなかなか継続的な成長をしません。いつも上がったり下がったり不安定です。

ただ1997年にカムバックしたスティーブ・ジョブズの考え方は、若い時とは違っていました。どうやってビジネスというゲームのルールを変えてやろうかと考えて、その答えがiPod、iTunes、iPadだったわけです。ビジネス・ゲームの戦いで激烈にやられたけれど、見事にまた新しいビジネスモデルをつくって巻き返したということですよね。IT業界というのは、大きくなった時が弱点です。変化しづらくなるから、必ず違うビジネスモデルにとって代わられるわけですよ。

ジョブズは世の中を見返してやろう、変えてやろう、驚かしてやろうみたいな気持ちが強かったのかも知れません。それもひっくるめて、ジョブズはすごい男です。彼の死はアップルの損失じゃなくて世界の損失ですね。みんな彼を怖いというかもしれませんが、アメリカでばったりジョブズと出くわした時、うちの妻なんかハグしあっていましたから。ちゃめっ気も抜群でした。

## 身近で感じたジョブズのスケール

話は変わりますが、ジョブズをはじめアップルの役員たちとの交流で、日本文化のすごみが分かった経験もあります。彼らが日本に来た時は、すしを食べに行ったり、温泉に行ったりしました。箱根の強羅温泉に行って、会議をしたこともあります。

日本の一流クラスの温泉旅館に連れて行き、そこに能楽師を呼んで能を見せた時のことです。外国人みんなに浴衣を着せて、大広間でご飯を食べていたのですが、能舞台が始まると、突然ピタっと声がやんで静かになります。ジョブズだけでなく、外国人は全員同じでした。能は、あの表情が固定されたお面で、さびしい感情、悲しい感情、厳しい感情を表現できるのですごいと思いました。立ち姿で感情が変わることと、あの空気は、やはり日本の芸能です。さすがのアップルの連中も独特の空気に魅了されていました。ただ、能が終わったら再び大騒ぎでしたが。

ジョブズはまねできるような人物ではありません。ましてや評論するような対象でもありません。とことんやりきる、あきらめない、他人を驚かせたい……。そんな人物を身近で感じることができたのは本当に大きな財産となりました。

巻末対談

# 「世界」で勝つ

柳井 正×原田泳幸

## 原田泳幸（はらだ・えいこう）

1948年、長崎県生まれ。東海大学工学部卒業後、日本NCR入社。その後、90年アップルコンピュータジャパン（現アップルジャパン）入社、97年社長に。2004年に日本マクドナルドホールディングスの副社長兼最高経営責任者、同年社長に。

## 柳井　正（やない・ただし）

1949年、山口県生まれ。71年早稲田大学政治経済学部卒業。72年父親が営む紳士服店、小郡商事（現ファーストリテイリング）に入社し、84年社長に。2002年会長、05年社長兼務。ソフトバンクの孫正義社長と親交が深く、01年から同社の社外取締役を務める。

## ヒットはお客の期待を超えたところに生まれる

――将来への不安が消えず、需要喚起の難しい時代です。マーケティングで大切にしているものは何ですか。

柳井　消費者は需要が少なくなればなるほど、不景気になればなるほど、注意深く消費するものです。すると売れるものはすごく売れますが、大部分のものは売れないという一極集中状態が起きます。ならば自社のブランドが、一極集中に入るように目指さなければならない。消費を活発化させるような新商品を開発しなければなりません。

原田　今やっているのは、基本を徹底的に見直し、質の良い経営オペレーションをつくることですね。細かく言うと、客数を増やすために、来店頻度をデモグラフィー（人口動態）別、時間帯別、地域別に見極め、どこに力を入れるか決める作業です。こういう苦しいときに新しいことをしても投資効果は出ません。今まで以上に質の高い経営をするしかありません。

――消費が縮むなかでも、両社ともヒット商品づくりには定評がありますね。開発の鍵になるのは何でしょう。

柳井　ヒットを生むには（消費者の）期待を超えることが必要です。確かに市場調査は必要ですが、消費者が「こんな物が欲しい」という通りの物を出しても売れません。

原田　私もリサーチだけで商品計画を立てるな、と言っています。例えば、お客様にどんな商品が必要かと聞くと、オーガニック、ダイエット、ローカロリーなどのメニューが並びます。でも、サラダを出しても売れず、（大型ハンバーガーの）クォーターパウンダーを出すと、若い人たちがダブルで食べています

（笑）。

――日本では消費者に新しい喜びを与えるようなヒット商品が少なくなっているようですが。

原田　ヒット商品は商品力だけでなく、作り手の情熱が相当影響しますよ。うちはコーヒーのテレビコマーシャルに歌舞伎役者を起用して、常識を破る形で商品の良さを伝えようとしました。クォーターパウンダーもそうです。消費者に商品を届けたいという情熱が結果につながっています。

柳井　商品がどういうコンセプトでつくられたのか、作り手は情熱を持っているか、といった目に見えない会社の生き方や姿勢が、商品やマーケティングに表れていないと、買ってもらえませんからね。論理ではなく、受け手がどう感じるか。顧客が心を開いてくれる方法を考えて宣伝をするべきですね。

## 「世界で売れるもの」しか「日本で売れるもの」にならない

――経営の最大の課題は何でしょうか。

柳井　やはりグローバル競争ではないでしょうか。世界のどの国でも、市場に登場するプレーヤーはだんだん顔ぶれが一緒になっています。そのプレーヤーにならない限り、生き残れないと思います。ハンバーガーも同じですよね？　一番になったところがもうかる。グローバル競争の決着がつくのはこの10年だとみています。

原田　柳井さんのおっしゃる通り、これからはグローバルな市場を見据えた成長をしていかないと勝てないですよね。マクドナルドが全世界で好調なのは、グローバルワンチームでやっているからです。調達力から、ブランド政策、人材、システムまでグローバル化しています。

──グローバルに戦略を共通化するということですね。

柳井　ブランド戦略も各国別に変えるのではなく、グローバルワンチーム、グローバルワンカンパニーで推進するから強みが発揮できます。日本と世界で、根本的な考え方は同じでなければいけません。マクドナルドも、北京でもニューヨークでも本質的には一緒でないといけないでしょう。

原田　おっしゃる通りです。我々はそれを忘れて過去、日本でカレーライスなどを出して失敗しました。「世界で売れるもの」しか「日本で売れるもの」になりません。

──あまり地域性を考慮する必要はないのでしょうか。

柳井　衣料品の場合もニューヨークでもパリでも売れている商品はセンスが一緒です。ユニクロで言えば、暖かいシンガポールの店でもウルトラライトダウンが売れるんです。ヒートテックは世界中で売れています。今年の販売目標は1億枚ですが、将来は10億枚を目指します。

原田　マクドナルドであれば、世界中で売れているのはビッグマック、チーズバーガー、ハンバーガー、フライドポテト。これらの商品は「ゴールドスタンダードメニュー」といって絶対に味付けを変えないことになっています。

しかし、2004年に着任したときには、「アメリカ（本社）は、日本が違うことを分かってくれない」という社員がいました。でも、グローバルビジネスが分かっていないだけで、本質はすべて一緒なんです。

柳井　分かっていない人は、全体の1〜2割にすぎない部分を気にするんですよ。本質的に8〜9割は同じ。翻訳と一緒で直訳してはいけませんが、マーケティングも、伝えたい本質は全世界一緒であるべきです。

原田　グローバルブランドとして成功した企業はすべて国籍を持っています。どの国に行っても、トヨタは日本国籍、マクドナルドやナイキはアメリカ国籍ということを変えてはダメです。日本マクドナルドでは、現在３３００店のデザインを世界共通のデザインに変えています。

柳井　ブランドは企業全体そのものです。ですから人も物も金も、極論すると店舗のトイレから従業員の表情まで全部ブランドなのです。イメージや、商品そのものを評価してもらうことで買ってもらえます。そうした全体像がはっきりしない限り、売れません。

## 創業者のＤＮＡが残る企業は強い

――自社以外で、ブランドの強みを体現できている商品やマーケティングは最近ありますか。

柳井　iPhoneやiPadですかね。あるいはアンドロイド（携帯）。みんなコンピューターを持って歩いているのと一緒ですよね。これはすごいことです。

原田　お世辞ではないですが、ユニクロさんのコマーシャルにはひとつひとつ感心します。ニトリさんの「お値段以上」もそう。ブランドづくりができている会社の商品やマーケティングには、トップのリーダーシップを感じます。米アップルのブランドにはスティーブ・ジョブズが見え、フランスのエルメスやイタリアのグッチはデザイナーのリーダーシップを感じます。

ブランド政策は私みたいなサラリーマン社長にはできません。だから、今はチームをつくってやっています。（米マクドナルド）のジム・スキナーCEOには、私のアップル時代の経験も交えて、ブランド政策にはトップ自らかかわるべきだと伝えています。マクドナルドには、いまだに（創業者の）レイ・クロックのDNAが残っている。創業者のDNAがずっと残っている企業は強い。

柳井　経営とはそういうことだと思います。創業者だとか、企業のもとをつくった人がどういうことをしたのかをはっきりさせて、サービスや商品、店舗、宣伝媒体で具現化する。それが経営者の仕事。経営者は何でそこまでこだわるのか、と思われるほどこれにこだわらないと。その意味では「アップルストア」はすごいですね。

原田　アップルストアの従業員には、マニュアルもトレーニングもないんです。（米カリフォルニア州）クパティーノの本社に派遣し、その空気を吸わせるだけでアップル大好き人間に生まれ変わっていました。

――将来、グローバルブランドとして何を目指しますか。

原田　グローバルブランドは認知度だけでなく、生活の中に染み込んでいるものです。つまり、「トップオブマインド」や「ファーストチョイス」で、例えばお客様がビーフと考えたときにまずマクドナルドが出てくることです。チキンでは残念ながらケンタッキーなので、マクドナルドがファーストチョイスに来ることを目指します。

柳井　（10年後には）ユニクロもマクドナルドと同じように世界中どこでも誰でも知っているブランドにしたいですね。我々はベーシックカジュアル、つまり生活の部品としての服をグローバルブランドとして極めたいと思っています。

## 経営は総合芸術

――おふたりの共通点は強いリーダーシップですね。経営者の思いは社員に伝わっていますか。

柳井　（きちんと）伝わっていたら、すごくもうかってますよ。

原田　ちゃんと伝わってたら売り上げは倍ですね（笑）。

柳井　経営方針を伝えるということは、毎日、砂上の楼閣を造っているみたいなものので、それでもできないみたいな（笑）。間接ではなく直接伝えない限りダメですね。メールや朝礼を使って直接伝達することを積極的にやらないと。販売員は本部に直接、問い合わせをしない限り、ダメだと思います。スーパーバイザーやブロックリーダーが中に入ると、どうしてもバイアスがかかってしまう。

私は全員経営と言っているんです。商売の原点から考えたら、小売業は店頭に立つ人が経営者だったら一番いいわけですね。従業員には経営者のつもりで販売してくださいと。それができれば、その人間は成長していくんです。

原田　伝わらない最大の障害は、階層的な組織。伝言ゲームはだめです。ちょっとおかしいなと肌で感じると、必ず店に行きます。クルー（従業員）と話すと、すぐ分かるんですよ。お客様も嘘をつきません。

私は売り上げ情報よりもカスタマーセンターの情報をよく見ますね。この前も店の中が暑いとコールセンターに1件連絡がありました。店の温度だけを電話してくれるお客様はあまりいません。ということはもっと多くのお客様が暑いと感じているわけです。（クレームは）宝の山ですね。

おかしいと思ったらフラットなコミュニケーションが必要です。公民館などのコストがかからない場所に、地区の全店長を集めて議論します。インターネットもありますけど、伝えるにはこれが一番速い。戦略はサイエンスじゃなくて現場の心。クルーや店長、ＦＣ店のオーナーが満足しているかどうかには、神経を使いますが、これが伸びれば売り上げも伸びます。私は戦略的で理詰めと思われていますが違います。思いつきの原田（笑）。一番力を入れるのは人間の気持ちを変えることです。

――経営への情熱はどこから生まれますか。

柳井　楽な仕事はひとつもありません。だけど、自分が面白いと思い、世間が面白いと思ったことならば何でもできます。経営は総合芸術です。もちろん責任は自分に降りかかります。苦しいことを面白いと思える人が、経営者に向いているんじゃないですか。

原田　やっぱりやりがいですよ。今でも学ぶことがありますから飽きませんね。お客様、社員、世の中から日々学んで、新しい考え方をして成果が出るんです。

柳井　知らないことを知ろうと突き詰めることほど、面白いことはないですよね。若い人にはもっと勉強をしてもらいたいですね。

原田　私も人を採用するときは成果ではなく、ラーニング・スキル（学習能力）を見ます。常に学ぶ力がなかったら優秀な人材と言えませんよ。

――後継者の育成は共通の課題ですね。

柳井　私には2人の息子がいますが、（ファーストリテイリングの）経営者にはなるなと言っています。経営を監督する側に立てと。代表権を持たずに、オーナーとして経営者を任命する方がいい。（小売業の世襲は）ほとんど成功していないですから。一番優れた人がトップになるべきです。
ただそうした後継者がいるかどうか。私の場合は創業者ですから、後継は1人ではできないと思う。たぶん3人ぐらいのチームでやってもらいます。

原田　マクドナルドは数年前から後継者育成プログラムを始めました。「パイプライン」と称して、社員が3年以上同じ仕事はせず、それぞれの仕事で後継者をつくって、次を目指すという仕組み作りをしています。店から本部まで一気通貫で、この仕組みを取り入れます。
育成の意識がなかったのが、成長への一番の障壁でした。私の後継者ができればおしまいではなく、この文化をつくることが私の一番の仕事です。5年後、10年後に私の後継者はどうするかと言えば、私と同じ能力と性格の人間はいませんから、リーダーシップだとか、改革だとか、スポークスマンだとか、それぞれの持ち場でつくっていこうと思います。

## 生き残るにはナンバーワンになるしかない

——東日本大震災から半年。日本人の消費行動に変化はありますか。

柳井　人間の習慣はそう簡単には変わらないものです。あれほど大きな災害があると復興しようという緊張感があるのか、東日本の方が消費は活発です。ただ、今後は大変。電力や原発、復興問題も解決していない。客観的に考えるとものすごく困ります。政治がめちゃくちゃで何もいいことがありません。

原田　3月11日直後よりも、7月からの電力使用量の一律15％削減で消費行動は大きく変わりました。時間帯でいうと夕食が相当落ち込んでいます。その代わり、コンビニエンスストアの持ち帰りなど中食は伸び、家で料理を作らない人は増えています。ただ、大きなマクロ的な動きが変わったかというと変わらない。消費者の選択には普遍的なものがあります。

――ただ、少子高齢化など構造問題は深刻化していきます。

柳井　衣料品でいうと、1995年ぐらいにアメリカと日本の消費金額は同じでしたが、今は日本はアメリカの3分の1くらいまで減りました。長期的に衰退する中で、生き残ろうと思えばナンバーワンになるしかないし、ナンバーワンでも需要全体が減る中では新しい需要をつくっていかない限りうまくはいきません。アパレルはもう「終わった産業」ですから、全部つくりかえるぐらいのことを考えないとまったくダメだと思います。将来への不安が広がる中では、商売人が工夫して需要喚起しない限り、成長できません。

人口減と財政難で栄えた国は1つもありませんよ。それに対して、この国では政治は何も方針を示していないですし、このままいけるという錯覚が続けば、国はひっくり返りますよ。

原田　マクドナルドは119カ国・地域で展開していますが、人口も国内総生産（GDP）も落ちている日本のようなところは少ない。人がいないところに金は動かず、人口とインフラは大事です。中長期的には人口をどうやって取り戻すかというビジョンがなければダメです。1000人当たりの外食店の数は、オーストラリアは2店ちょっとで日本は約7店。多すぎますから減らしていかなければなりません。

それと教育。国全体でどういう人材が必要とされているかという議論が不足しています。政治は挙党一致が目的ではなく、挙党一致で次に何をするかが目的ですからね。メッセージを早く出さないと。国民はそれを待っているわけです。

（初出：「日経MJ」2011年9月9日）

著者紹介

## 原田　泳幸（はらだ　えいこう）

日本マクドナルドホールディングス　代表取締役会長兼社長兼CEO

1948年長崎県生まれ。東海大学工学部卒業。72年、エンジニアとして日本NCRに入社。その後、横河ヒューレット・パッカード（現日本HP）、石油井調査のシュルンベルジェグループを経て、90年アップルコンピュータジャパン（現アップルジャパン）へ。97年に同社代表取締役社長に就任し、米本社副社長を兼務。スティーブ・ジョブズと経営改革の大なたを振るい、「iMac」をヒットさせるなどアップルの日本市場の拡大に貢献する。

04年日本マクドナルドホールディングスに代表取締役副会長兼CEOとして入社。「マックからマックへ」とその転身が大きな話題になる。05年より現職。100円マック、24時間営業、クォーターパウンダーなど、新しい商品や施策を次々と繰り出し、7期連続でマイナスだった既存店売上高を、一転して8期連続のプラスに。同社をV字回復させる。

趣味はドラムとマラソン。毎朝10キロのジョギングを欠かさず、2012年の東京マラソンでは4時間2分で完走。

大きく、しぶとく、考え抜く。
原田泳幸の実践経営論

2012年9月25日　1版1刷

著　者　原田泳幸

発行者　斎田久夫

発行所　日本経済新聞出版社
http://www.nikkeibook.com/
東京都千代田区大手町1-3-7　〒100-8066
電話 03-3270-0251（代）

印刷・製本／中央精版印刷

Printed in Japan　ISBN 978-4-532-31826-0

本書の印税はドナルド・マクドナルド・ハウス財団などを通じてチャリティー活動に使われております。

## 日本経済新聞出版社の好評既刊書

### ユニクロ 世界一をつかむ経営

月泉博

2020年グループ売り上げ目標5兆円、世界一のアパレル製造小売を本気で狙う超優良企業ユニクロ、ファーストリテイリング。その成長過程と強さの秘密を、柳井以下経営陣と現場社員や関係者の徹底取材で書き下ろす。

●1600円

### ダントツ経営
コマツが目指す「日本国籍グローバル企業」

坂根正弘

世界経済危機後もいち早く再生。ITを武器にした「ダントツ商品」と、いまや新興国で6割を稼ぎ出す体制でさらなる成長を目指すコマツ。その立役者である坂根会長が、これまでの実践で貫いてきた経営の要諦を語る。

●1700円

### 実行力100%の会社をつくる!

大久保恒夫

小売り業は「現場が命」。現場の実行率が利益につながる。従業員の行動を変え、ユニクロ、無印良品、成城石井などをV字回復させた〝小売り再生のプロ〟が語る、値下げせずに売る手法と現場から組織を変革する極意。

●1600円

### 俺は、中小企業のおやじ

鈴木修

かつてない危機のいまこそ、トップは現場へ行かなくちゃならん。数々の苦境を乗り越え、いままた「世界自動車不況」に敢然と立ち向かうべく、2008年12月に社長兼任を発表し、注目を集める著者初の書き下ろし。

●1700円

日経ビジネス人文庫
### ドトールコーヒー「勝つか死ぬか」の創業記

鳥羽博道

明るい店内と驚きの価格で喫茶店のイメージを激変させ、日本最大のコーヒーチェーンとなった「ドトール」。創業者・鳥羽博道の〝一杯150円のコーヒーに賭けた人生〟とは。ビジネス人に元気と勇気を与える起業物語。

●667円

●価格はすべて税別です